管理类联考

综合大纲解析人刷经典题系列

数学篇

汪学能　舒红　主编

复旦大学出版社

前　言

本书根据最新大纲要求，从命题规律出发，整理编撰了 20 套管理类联考数学经典母题．数学题目变化万千，但万变不离其宗，本书从经典母题出发，帮助考生掌握命题规律，进行备考强化训练、冲刺刷题，提高学习效率．本书适用于管理类专业学位硕士（MBA、MPAcc、MEM、MPA、EMBA、审计、旅游管理、图书情报）联考．全书分为两个部分，即章节测试题和综合模拟题．

一、章节测试题

本书章节测试题共 8 套，分为数与式，应用题，函数、方程与不等式，平面几何与立体几何，数列，解析几何，排列组合，概率，共 8 个部分的内容，均选自经典母题．该部分适合考生备考的前中期使用．考生可以在备考过程中，每学习完一个章节，配套做相关章节的测试题，有利于巩固知识点、熟悉基本的解题思维，夯实基础．这部分题目限时做题效果更好，建议每套限时 60～70 分钟．

二、综合模拟题

综合模拟题共 12 套，适合考生在备考的中后期使用．该部分题目难度略微提高，旨在让考生对知识点融会贯通，打通经脉，使知识点结构化、系统化；对解题思维进行拓展，强化训练，优化考生的解题思维宽度和速度．该部分建议每套限时 50～60 分钟．

本书在编写过程中，得到了多方的大力支持，特此感谢．同时，作者也参阅了有关书籍与历年真题，在此向有关工作者致谢．

本书的其他参编人员有：赖昭海，陈瑜，朱求文，肖亚雷，安贵顺，李小双，王东丽，郭雯玥，罗科兵，姚学文，温伟才，夏云平，范春琳．

由于编者水平有限、时间仓促，书中难免有错误和疏漏之处，在此恳请读者批评指正．

汪学能　舒　红
2020 年 5 月 6 日于北京

目 录

第一套卷　数与式 …………………………………………………………………… 1

第二套卷　应用题 …………………………………………………………………… 5

第三套卷　函数、方程与不等式 …………………………………………………… 9

第四套卷　平面几何与立体几何 …………………………………………………… 13

第五套卷　数列 ……………………………………………………………………… 17

第六套卷　解析几何 ………………………………………………………………… 21

第七套卷　排列组合 ………………………………………………………………… 25

第八套卷　概率 ……………………………………………………………………… 29

第九套卷 ……………………………………………………………………………… 33

第十套卷 ……………………………………………………………………………… 37

第十一套卷 …………………………………………………………………………… 41

第十二套卷 …………………………………………………………………………… 45

第十三套卷 …………………………………………………………………………… 49

第十四套卷 …………………………………………………………………………… 53

第十五套卷 …………………………………………………………………………… 57

第十六套卷 …………………………………………………………………………… 61

第十七套卷 …………………………………………………………………………… 65

第十八套卷 …………………………………………………………………………… 69

第十九套卷 …………………………………………………………………………… 73

第二十套卷 …………………………………………………………………………… 77

参 考 答 案

第一套卷解析　数与式 ·· 81

第二套卷解析　应用题 ·· 84

第三套卷解析　函数、方程与不等式 ·· 89

第四套卷解析　平面几何与立体几何 ·· 93

第五套卷解析　数列 ·· 97

第六套卷解析　解析几何 ·· 100

第七套卷解析　排列组合 ·· 103

第八套卷解析　概率 ·· 106

第九套卷解析 ·· 109

第十套卷解析 ·· 113

第十一套卷解析 ·· 118

第十二套卷解析 ·· 123

第十三套卷解析 ·· 127

第十四套卷解析 ·· 130

第十五套卷解析 ·· 134

第十六套卷解析 ·· 138

第十七套卷解析 ·· 141

第十八套卷解析 ·· 145

第十九套卷解析 ·· 149

第二十套卷解析 ·· 152

第一套卷

数 与 式

一、问题求解(本大题共 15 题,每小题 3 分,共 45 分,在每小题的 5 个选项中选择一项)

1. 已知自然数 a,b,c 的最小公倍数为 48,而 a 与 b 的最大公约数为 4,b 与 c 的最大公约数为 3,则 $a+b+c$ 的最小值是(   ).

   A. 55　　　　　　　　B. 45　　　　　　　　C. 35
   D. 31　　　　　　　　E. 30

2. 3 个 18 以内的质数构成公差为 6 的等差数列,则这 3 个质数的和为(   ).

   A. 31　　　　　　　　B. 33　　　　　　　　C. 35
   D. 37　　　　　　　　E. 39

3. $\dfrac{1}{1\times 2}+\dfrac{1}{2\times 3}+\dfrac{1}{3\times 4}+\cdots+\dfrac{1}{99\times 100}=$(   ).

   A. $\dfrac{99}{100}$　　　　　　B. $\dfrac{100}{101}$　　　　　　C. $\dfrac{99}{101}$
   D. $\dfrac{97}{100}$　　　　　　E. $\dfrac{97}{101}$

4. 已知 a,b,c 是不完全相等的任意实数,$x=a^2-bc$,$y=b^2-ac$,$z=c^2-ab$,则 x,y,z(   ).

   A. 都大于零　　　　　　　B. 至少有一个大于零
   C. 至少有一个小于零　　　D. 都不小于零
   E. 都等于零

5. $\dfrac{(1+3)(1+3^2)(1+3^4)(1+3^8)\cdots(1+3^{32})+\dfrac{1}{2}}{3\times 3^2\times 3^3\times 3^4\times\cdots\times 3^{10}}=$(   ).

   A. $\dfrac{1}{2}\times 3^{10}+3^{19}$　　B. $\dfrac{1}{2}+3^{19}$　　C. $\dfrac{1}{2}\times 3^{19}$
   D. $\dfrac{1}{2}\times 3^9$　　　　　　E. 以上结果均不正确

6. 一个大于 1 的自然数的算术平方根为 a,则与这个自然数左右相邻的两个自然数的算术平方根分别为(   ).

   A. $\sqrt{a}-1,\sqrt{a}+1$　　　　B. $a-1,a+1$
   C. $\sqrt{a-1},\sqrt{a+1}$　　　　D. $\sqrt{a^2-1},\sqrt{a^2+1}$

E. a^2-1, a^2+1

7. $|3x+2|+2x^2-12xy+18y^2=0$,则 $2y-3x=$ ( ).

   A. $-\dfrac{14}{9}$ B. $-\dfrac{2}{9}$ C. 0

   D. $\dfrac{2}{9}$ E. $\dfrac{14}{9}$

8. 已知实数 a,b,x,y 满足 $y+|\sqrt{x}-\sqrt{2}|=1-a^2$ 及 $|x-2|=y-1-b^2$,则 $3^{x+y}+3^{a+b}=$ ( ).

   A. 25   B. 26   C. 27
   D. 28   E. 29

9. 设 a 与 b 之和的倒数的 2 007 次方等于 1,a 的相反数与 b 之和的倒数的 2 009 次方也等于 1,则 $a^{2\,007}+b^{2\,009}=$ ( ).

   A. -1 B. 2   C. 1
   D. 0   E. $2^{2\,007}$

10. x,y 是有理数,且满足 $(1+2\sqrt{3})x+(1-\sqrt{3})y-2+5\sqrt{3}=0$,则 x,y 的值分别为( ).

    A. 1,3   B. -1,2   C. -1,3
    D. 1,2   E. 以上结论均不正确

11. 3 名小孩中有一名学龄前儿童(年龄不足 6 岁),他们的年龄都是质数,且依次相差 6 岁,他们的年龄之和为( ).

    A. 21   B. 27   C. 33
    D. 39   E. 51

12. 若 a,b,c 满足 $|a-3|+\sqrt{3b+5}+(5c-4)^2=0$,则 $abc=$ ( ).

    A. -4 B. $-\dfrac{5}{3}$ C. $-\dfrac{4}{3}$

    D. $\dfrac{4}{5}$ E. 3

13. 已知 $f(x)=\dfrac{1}{(x+1)(x+2)}+\dfrac{1}{(x+2)(x+3)}+\cdots+\dfrac{1}{(x+9)(x+10)}$,则 $f(8)=$ ( ).

    A. $\dfrac{1}{9}$ B. $\dfrac{1}{10}$ C. $\dfrac{1}{16}$

    D. $\dfrac{1}{17}$ E. $\dfrac{1}{18}$

14. 若几个质数的乘积为 770,则它们的和为( ).

    A. 85   B. 84   C. 27

D. 26   E. 25

15. 两个相邻的正整数都是合数,则这两个数的乘积的最小值是( ).

A. 420   B. 240   C. 210

D. 90   E. 72

二、条件充分性判断(本大题共 10 小题,每小题 3 分,共 30 分)

解题说明:本大题要求判断所给出的条件能否充分支持题干中陈述的结论.阅读条件(1)和(2)后选择.

A. 条件(1)充分,但条件(2)不充分.

B. 条件(2)充分,但条件(1)不充分.

C. 条件(1)和(2)单独都不充分,但条件(1)和(2)联合起来充分.

D. 条件(1)充分,条件(2)也充分.

E. 条件(1)和(2)单独都不充分,条件(1)和(2)联合起来也不充分.

16. 若 x,y 是质数,则 $1000x+4y=2012$.

(1) xy 是偶数.

(2) xy 是 6 的倍数.

17. $x>y$.

(1) x 与 y 都是正整数,且 $x^2<y$.

(2) x 与 y 都是正整数,且 $\sqrt{x}<y$.

18. $a<-1<1<-a$.

(1) a 为实数,$a+1<0$.

(2) a 为实数,$|a|<1$.

19. $ab^2<cb^2$.

(1) 实数 a,b,c 满足 $a+b+c=0$.

(2) 实数 a,b,c 满足 $a<b<c$.

20. $\dfrac{n}{14}$ 是一个整数.

(1) n 是一个整数,且 $\dfrac{3n}{14}$ 也是一个整数.

(2) n 是一个整数,且 $\dfrac{n}{7}$ 也是一个整数.

21. $2^{x+y}+2^{a+b}=17$.

(1) a,b,x,y 满足 $y+|\sqrt{x}-\sqrt{3}|=1-a^2+\sqrt{3b}$.

(2) a,b,x,y 满足 $|x-3|+\sqrt{3b}=y-1-b^2$.

22. $a+b+c+d+e$ 的最大值是 133.

(1) a, b, c, d, e 是大于 1 的自然数，且 $abcde = 2\,700$.

(2) a, b, c, d, e 是大于 1 的自然数，且 $abcde = 2\,000$.

23. 已知 m, n 是正整数，则 m 是偶数.

(1) $3m + 2n$ 是偶数.

(2) $3m^2 + 2n^2$ 是偶数.

24. 设 x, y 是实数，则 $x \leqslant 6, y \leqslant 4$.

(1) $x \leqslant y + 2$.

(2) $2y \leqslant x + 2$.

25. 利用长度为 a 与 b 的两种管材能连接成长度为 37 米的管道.

(1) $a = 3, b = 5$.

(2) $a = 4, b = 6$.

第二套卷

应 用 题

一、问题求解(本大题共 15 题,每小题 3 分,共 45 分,在每小题的 5 个选项中选择一项)

1. 一支队伍排成长度为 800 米的队列行军,速度为 80 米/分. 在队首的通讯员以 3 倍于行军的速度跑步到队尾,花 1 分钟传达首长命令后,立即以同样的速度跑回到队首,在往返全过程中通讯员所花费的时间为( ).
   A. 6.5 分 B. 7.5 分 C. 8 分
   D. 8.5 分 E. 10 分

2. 快慢两列火车长度分别为 160 米与 120 米,它们相向行驶在平行轨道上.若坐在慢车上的人看见整列快车驶过的时间是 4 秒,那么坐在快车上的人看见整列慢车驶过的时间是( ).
   A. 3 秒 B. 4 秒 C. 5 秒
   D. 6 秒 E. 7 秒

3. 小明放学后沿某路公共汽车路线匀速步行回家,沿途该路公共汽车每 12 分钟就有一辆从后面超过他,每 8 分钟就又遇到迎面开来的一辆车.如果这路公共汽车按相同的时间间隔以同一速度不停地运行,那么公共汽车每( )分钟发一辆.
   A. 7 B. 8 C. 8.4
   D. 9 E. 9.6

4. 甲、乙两人从同一起跑线上绕 400 米跑道同时同向跑步,甲每秒跑 6 米,乙每秒跑 4 米.则第二次追上乙时,甲跑了( )米.
   A. 2 400 B. 2 600 C. 2 800
   D. 3 000 E. 3 200

5. 一件工作,甲、乙两人合做 30 天可以完成.两人共同做了 6 天后,甲离开了,乙继续做了 40 天才完成,那么这件工作由甲单独做需要( )天.
   A. 60 B. 65 C. 70
   D. 75 E. 80

6. 一项工程,甲队单独做要 10 个月完成,乙队单独做要 15 个月完成.两队合做 3 个月后,乙队调走,甲队单独做 2 个月后,乙队又调回与甲队一起做,前后共用( )个月完成此工程.
   A. 6.8 B. 7.8 C. 8.8
   D. 9.8 E. 10.8

7. 一批零件,甲单独做 6 小时完成,乙单独做 8 小时完成.现在两人合做,完成任务时甲比乙多做 24 个,则这批零件共有( )个.

A. 138   B. 148   C. 158
D. 168   E. 178

8. 某项工程,甲单独做需要 4 天完成,乙单独做需要 5 天完成,而丙单独做需要 6 天完成. 现甲、乙、丙三人依次一日一轮换工作,则完成此工程需( )天.

A. 5   B. 4.75   C. $4\frac{2}{3}$
D. 4.5   E. 6

9. 公司的一项工程由甲、乙两队合做 6 天完成,公司须付 8 700 元,由乙、丙两队合做 10 天完成,公司须付 9 500 元;由甲、丙两队合做 7.5 天完成,公司须付 8 250 元.若单独承包给一个工程队并且要求不超过 15 天完成全部工作,则公司付钱最少的队是( ).

A. 甲队   B. 丙队   C. 乙队
D. 甲或乙队   E. 乙或丙队

10. 某容器中装满了浓度为 90% 的酒精,倒出 1 升后用水将容器注满,搅拌均匀后又倒出 1 升,再用水将容器注满.已知此时的酒精浓度为 40%,该容器的体积是( ).

A. 2.5 升   B. 3 升   C. 3.5 升
D. 4 升   E. 4.5 升

11. 一瓶浓度为 20% 的消毒液倒出 $\frac{2}{5}$ 后,加满清水,再倒出 $\frac{2}{5}$ 后,又加满清水,此时消毒液的浓度为( ).

A. 7.2%   B. 3.2%   C. 5.0%
D. 4.8%   E. 3.6%

12. 甲杯中有纯酒精 12 克,乙杯中有水 15 克.第一次将甲杯中的部分纯酒精倒入乙杯,使酒精与水混合;第二次将乙杯中的部分混合溶液倒入甲杯.这样,甲杯中纯酒精含量为 50%,乙杯中纯酒精含量为 25%,则第二次从乙杯倒入甲杯的混合溶液是( )克.

A. 13   B. 14   C. 15
D. 16   E. 17

13. 甲容器中有 5% 的盐水 120 克,乙容器中有某种浓度的盐水若干.从乙中取出 480 克盐水,放入甲容器混合成浓度为 13% 的盐水,则乙容器中的盐水浓度是( ).

A. 8%   B. 10%   C. 12%
D. 15%   E. 17%

14. 课外学科小组分数学、语文、外语三个小组,参加数学的有 23 人、参加语文的有 27 人、参加外语的有 18 人;同时参加数学、语文两个小组的有 4 人,同时参加数学、外语小组的有 7 人,同时参加语文、外语小组的有 5 人;三个小组都参加的有 2 人.这个年级参加课外学科小组的学生共有( )人.

A. 56 B. 54 C. 55
D. 57 E. 58

15. 学校对100名同学进行调查,结果有58人喜欢看球赛、有38人喜欢看戏剧、有52人喜欢看电影.另外还知道,既喜欢看球赛又喜欢看戏剧(但不喜欢看电影)的有6人、既喜欢看电影又喜欢看戏剧(但不喜欢看球赛)的有4人,三种都喜欢的有12人,则只喜欢看电影的同学有( )人.(假定每人至少喜欢一项)

A. 16 B. 17 C. 18
D. 19 E. 22

二、条件充分性判断(本大题共10小题,每小题3分,共30分)

解题说明:本大题要求判断所给出的条件能否充分支持题干中陈述的结论.阅读条件(1)和(2)后选择.

A. 条件(1)充分,但条件(2)不充分.
B. 条件(2)充分,但条件(1)不充分.
C. 条件(1)和(2)单独都不充分,但条件(1)和(2)联合起来充分.
D. 条件(1)充分,条件(2)也充分.
E. 条件(1)和(2)单独都不充分,条件(1)和(2)联合起来也不充分.

16. 某年级共有4个班,一班的学生数占年级的 $\frac{1}{5}$、二班的学生数是一班的 $\frac{5}{4}$、三班的学生数是一班、二班人数之和的一半,则此年级共有学生120人.

(1) 四班比一班多15人.
(2) 四班有学生39人.

17. 某批产品中一等品与二等品数量之比为3∶5,售出一段时间后,此时一等品与二等品数量之比为27∶40.

(1) 一等品售出15%,二等品售出25%.
(2) 一等品售出10%,二等品售出20%.

18. 一艘小艇在江上顺水开100千米用了4小时,则这艘小艇在静水中开120千米用了6小时.

(1) 在同样的水速下,小艇逆水开90千米用了6小时.
(2) 在同样的水速下,小艇逆水开100千米用了5小时.

19. 已知甲容器中盐酸的浓度为20%,乙容器中盐酸的浓度为65%,将两容器中的溶液混合,可以得到40%的盐酸.

(1) 甲容器中有盐酸50升,乙容器中有盐酸40升.
(2) 甲容器中有盐酸100升,乙容器中有盐酸80升.

20. 在质量为10千克、浓度为20%的食盐水中加入5%的食盐水若干,则加入5%的食盐水的质量为20千克.

(1) 加入的食盐水的质量不少于 10 千克.

(2) 混合后溶液浓度为 10%.

21. 某校三年级期末考试,一班平均分为 65 分,二班平均分为 90 分,则一班人数为 30 人.

(1) 两班混合后平均分为 80 分.

(2) 两班一共有学生 75 人.

22. 某市为更有效地利用水资源,制定了居民用水收费标准:如果一户每月用水量不超过 15 立方米,每立方米按 1.8 元收费;如果超过 15 立方米,超过部分按每立方米 2.3 元收费,其余仍然按每立方米 1.8 元计算.则用户一月份用水量为 20 立方米.

(1) 1 立方米加收污水处理费 1 元.

(2) 某户一月份共支付水费 58.5 元.

23. "水是生命之源",某市自来水公司为鼓励用户节约用水,按以下规定收取水费:若每户每月用水不超过 40 吨,则每吨水按 1 元收费.另外,每吨用水加收 0.2 元的城市污水处理费.某用户一月份交水费 65 元,则该用户一月份用水 50 吨.

(1) 若每户用水超过 40 吨,则超过部分按每吨 1.5 元收费.

(2) 若每户用水超过 40 吨,则超过部分每吨多收 50% 的费用.(污水处理费不变)

24. 甲数比丙数小.

(1) 甲数与乙数之比是 2∶3,乙数与丙数之比是 8∶7.

(2) 丙数是甲数与乙数之差的 120%.

25. 一个桶中装有 $\dfrac{3}{4}$ 的沙子,可以确定桶中现有的沙子可装 6 杯.

(1) 如果向桶中加入 1 杯沙子,则桶中的沙子将占有其容量的 $\dfrac{7}{8}$.

(2) 如果从桶中取出 2 杯沙子,则桶中的沙子将占有其容量的一半.

第三套卷

函数、方程与不等式

一、问题求解(本大题共15题,每小题3分,共45分,在每小题的5个选项中选择一项)

1. 若多项式 $f(x)=x^3+a^2x^2+x-3a$ 能被 $x-1$ 整除,则实数 $a=$ (   ).
   A. 0　　　　　B. 1　　　　　C. 0 或 1
   D. 2 或 -1　　E. 2 或 1

2. 若 $(1+x)+(1+x)^2+\cdots+(1+x)^n=a_1(x-1)+2a_2(x-1)^2+\cdots+na_n(x-1)^n$,则 $a_1+2a_2+3a_3+\cdots+na_n=$ (   ).
   A. $\dfrac{3^n-1}{2}$　　B. $\dfrac{3^{n+1}-1}{2}$　　C. $\dfrac{3^{n+1}-3}{2}$
   D. $\dfrac{3^n-3}{2}$　　E. $\dfrac{3^n-3}{4}$

3. 多项式 x^3+ax^2+bx-6 的两个因式是 $x-1$ 与 $x-2$,则其第三个一次因式为(   ).
   A. $x-6$　　B. $x-3$　　C. $x+1$
   D. $x+2$　　E. $x+3$

4. 若实数 a,b,c 满足 $a^2+b^2+c^2=9$,则代数式 $(a-b)^2+(b-c)^2+(c-a)^2$ 的最大值是(   ).
   A. 21　　　　B. 27　　　　C. 29
   D. 32　　　　E. 39

5. 若 x^3+x^2+ax+b 能被 x^2-3x+2 整除,则(   ).
   A. $a=4, b=4$　　B. $a=-4, b=-4$
   C. $a=10, b=-8$　D. $a=-10, b=8$
   E. $a=2, b=0$

6. 在 $(x^2+3x+1)^5$ 的展开式中,x^2 的系数为(   ).
   A. 5　　　　　B. 10　　　　C. 45
   D. 90　　　　E. 95

7. 若 $x+\dfrac{1}{x}=3$,则 $\dfrac{x^2}{x^4+x^2+1}=$ (   ).
   A. $-\dfrac{1}{8}$　　B. $\dfrac{1}{6}$　　C. $\dfrac{1}{4}$
   D. $-\dfrac{1}{4}$　　E. $\dfrac{1}{8}$

8. 已知 $x^2+y^2=9$，$xy=4$，则 $\dfrac{x+y}{x^3+y^3+x+y}=$（   ）.

   A. $\dfrac{1}{2}$ B. $\dfrac{1}{5}$ C. $\dfrac{1}{6}$

   D. $\dfrac{1}{13}$ E. $\dfrac{1}{14}$

9. 已知某厂生产 x 件产品的成本为 $C=25\,000+200x+\dfrac{1}{40}x^2$（元），若产品以每件 500 元售出，则使利润最大的产量是（   ）.

   A. 2 000 件   B. 3 000 件   C. 4 000 件

   D. 5 000 件   E. 6 000 件

10. 不等式 $ax^2+bx+c\geqslant 0$ 的解集为 $[-2,3]$，则不等式 $cx^2-bx+a<0$ 的解集为（   ）.

    A. $\left(-\dfrac{1}{2},\dfrac{1}{3}\right)$ B. $\left(-\dfrac{1}{3},\dfrac{1}{2}\right)$

    C. $\left(-\dfrac{1}{2},-\dfrac{1}{3}\right)$ D. $\left(-\infty,-\dfrac{1}{2}\right)\cup\left(\dfrac{1}{3},+\infty\right)$

    E. 都不对

11. $x\in\mathbf{R}$，方程 $\dfrac{3}{x^2+3x}=2+x^2+3x$ 所有根的和为（   ）.

    A. 0   B. 3   C. 6

    D. -3 E. -6

12. x_1，x_2 是方程 $x^2+x-3=0$ 的两个根，则 $x_1^3-4x_2^2+19=$（   ）.

    A. -4 B. 4   C. 0

    D. -6 E. 6

13. 已知 $x^3+2x^2-5x-6=0$ 的根为 $x_1=-3$，x_2，x_3，则 $\dfrac{1}{x_2}+\dfrac{1}{x_3}=$（   ）.

    A. 1   B. $\dfrac{1}{2}$ C. -1

    D. $-\dfrac{1}{2}$ E. 0

14. 若方程 $x^2+px+q=0$ 的一个根是另一个根的 2 倍，则 p 与 q 应满足（   ）.

    A. $p^2=4q$ B. $2p^2=9q$ C. $4p=9q^2$

    D. $2p=3q^2$ E. $p=q^2$

15. 设 $x^2+10\leqslant 7|x|$，则 x 的变化范围为（   ）.

    A. $|x|\leqslant 5$ B. $-4\leqslant x\leqslant -2$ C. $3\leqslant x\leqslant 5$

D. $x \in [-5, -3] \cup [3, 5]$ E. $x \in [-5, -2] \cup [2, 5]$

二、条件充分性判断(本大题共 10 小题,每小题 3 分,共 30 分)

解题说明:本大题要求判断所给出的条件能否充分支持题干中陈述的结论.阅读条件(1)和(2)后选择.

A. 条件(1)充分,但条件(2)不充分.

B. 条件(2)充分,但条件(1)不充分.

C. 条件(1)和(2)单独都不充分,但条件(1)和(2)联合起来充分.

D. 条件(1)充分,条件(2)也充分.

E. 条件(1)和(2)单独都不充分,条件(1)和(2)联合起来也不充分.

16. $ax^2 + bx + 1$ 与 $3x^2 - 4x + 5$ 的积不含 x 的一次方项与三次方项.

    (1) $a : b = 3 : 4$.

    (2) $a = \dfrac{3}{5}, b = \dfrac{4}{5}$.

17. $\dfrac{a^2 - b^2}{19a^2 + 96b^2} = \dfrac{1}{134}$.

    (1) a, b 均为实数,且 $|a^2 - 2| + (a^2 - b^2 - 1)^2 = 0$.

    (2) a, b 均为实数,且 $\dfrac{a^2 b^2}{a^4 - 2b^4} = 1$.

18. $\triangle ABC$ 是等边三角形.

    (1) $\triangle ABC$ 的三边满足 $a^2 + b^2 + c^2 = ab + bc + ac$.

    (2) $\triangle ABC$ 的三边满足 $a^3 - a^2b + ab^2 + ac^2 - b^3 - bc^2 = 0$.

19. 已知 $\triangle ABC$ 的三条边长分别为 a, b, c,则 $\triangle ABC$ 为等腰直角三角形.

    (1) $(a - b)(c^2 - a^2 - b^2) = 0$.

    (2) $c = \sqrt{2} b$.

20. 已知 $x(1 - kx)^3 = a_1 x + a_2 x^2 + a_3 x^3 + a_4 x^4$ 对所有实数 x 都成立,则 $a_1 + a_2 + a_3 + a_4 = -8$.

    (1) $a_2 = -9$.

    (2) $a_3 = 27$.

21. 已知 $M = (a_1 + a_2 + \cdots + a_{n-1})(a_2 + a_3 + \cdots + a_n)$,$N = (a_1 + a_2 + \cdots + a_n)(a_2 + a_3 + \cdots + a_{n-1})$,$M > N$.

    (1) $a_1 > 0$.

    (2) $a_1 a_n > 0$.

22. $2a^2 - 5a - 2 + \dfrac{3}{a^2 + 1} = -1$.

    (1) a 是方程 $x^2 - 3x + 1 = 0$ 的根.

(2) $|a|=1$.

23. 设 x 是非零实数，则 $x^3+\dfrac{1}{x^3}=18$.

(1) $x+\dfrac{1}{x}=3$.

(2) $x^2+\dfrac{1}{x^2}=7$.

24. 已知 p,q 为非零实数，则能确定 $\dfrac{p}{q(p-1)}$ 的值.

(1) $p+q=1$.

(2) $\dfrac{1}{p}+\dfrac{1}{q}=1$.

25. 已知 $f(x)=x^2+ax+b$，则 $0\leqslant f(1)\leqslant 1$.

(1) $f(x)$ 在区间 $[0,1]$ 中有两个零点.

(2) $f(x)$ 在区间 $[1,2]$ 中有两个零点.

第四套卷

平面几何与立体几何

一、问题求解(本大题共 15 题,每小题 3 分,共 45 分,在每小题的 5 个选项中选择一项)

1. 如图 4.1 所示,梯子 $AB(CD)$ 长度为 2.5 米,距墙角 $OB=0.7$ 米. 由于自重,使梯子滑出 BD,高度下降 AC,又测得 $AC=0.4$ 米,则 $BD=(\quad)$ 米.
   A. 0.7
   B. 0.8
   C. 0.9
   D. 1
   E. 1.2

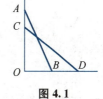

图 4.1

2. 如图 4.2 所示,在直角三角形 ABC 中,$\angle C=90°$,$AF=FE=ED=DC=CB$,则 $\angle A=(\quad)$.
   A. $\dfrac{\pi}{8}$
   B. $\dfrac{\pi}{9}$
   C. $\dfrac{\pi}{10}$
   D. $\dfrac{\pi}{12}$
   E. $\dfrac{\pi}{18}$

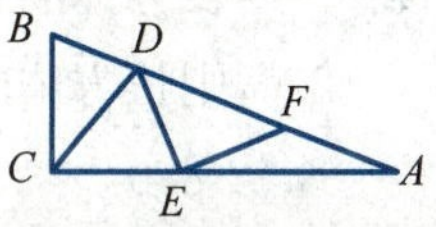

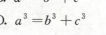

图 4.2

3. 如图 4.3 所示,$\triangle ABC$ 是直角三角形,S_1,S_2,S_3 为正方形. 已知 a,b,c 分别是 S_1,S_2,S_3 的边长,则($\quad$).
   A. $a=b+c$
   B. $a^2=b^2+c^2$
   C. $a^2=2b^2+2c^2$
   D. $a^3=b^3+c^3$
   E. $a^3=2b^3+2c^3$

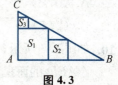

图 4.3

4. 如图 4.4 所示,在矩形 $ABCD$ 中,E,F 分别是 BC,CD 上的点,且 $S_{\triangle ABE}=2$,$S_{\triangle CEF}=3$,$S_{\triangle ADF}=4$,则 $S_{\triangle AEF}=(\quad)$. 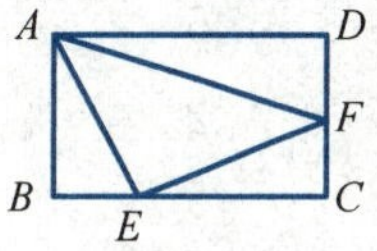
   A. $\dfrac{9}{2}$
   B. 6
   C. 7
   D. 8
   E. $\dfrac{13}{2}$

图 4.4

5. 如图 4.5 所示,小正方形的 $\dfrac{3}{4}$ 被阴影所覆盖,大正方形的 $\dfrac{6}{7}$ 被阴影所覆盖,则小、大正方形阴影部分面积之比为($\quad$).

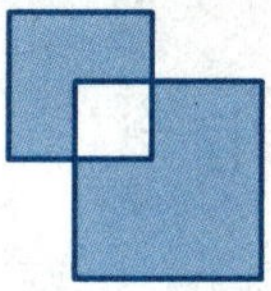

图 4.5

A. $\dfrac{7}{8}$ B. $\dfrac{6}{7}$ C. $\dfrac{3}{4}$

D. $\dfrac{4}{7}$ E. $\dfrac{1}{2}$

6. 如图 4.6 所示，AB 是半圆 O 的直径，AC 是弦. 若 $AB=6$，$\angle ACO=\dfrac{\pi}{6}$，则弧 BC 的长度为（　　）.

   A. $\dfrac{\pi}{3}$ B. π
   C. 2π D. 1
   E. 2

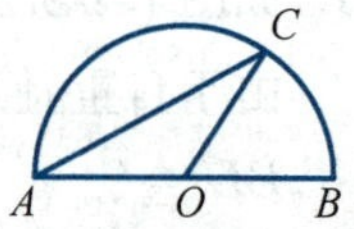

图 4.6

7. 正方体的内切球与外接球的体积比为（　　）.

   A. $1:2$ B. $1:3$ C. $1:3\sqrt{2}$
   D. $1:3\sqrt{3}$ E. 都不对

8. 一个长方体的长与宽之比为 $2:1$，宽与高之比为 $3:2$. 若长方体的全部棱长之和为 220，则长方体的体积为（　　）.

   A. 2 880 B. 7 200 C. 4 600
   D. 4 500 E. 3 600

9. $\triangle ABC$ 中，$AB=5$，$AC=3$. 当 $\angle A$ 在 $(0,\pi)$ 中变化时，该三角形 BC 边上的中线长取值的范围是（　　）.

   A. $(0,5)$ B. $(1,4)$ C. $(3,4)$
   D. $(2,5)$ E. $(3,5)$

10. 如图 4.7 所示，若 $\triangle ABC$ 的面积为 1，$\triangle AEC$，$\triangle DEC$，$\triangle BED$ 的面积相等，则 $\triangle AED$ 的面积为（　　）.

    A. $\dfrac{1}{3}$ B. $\dfrac{1}{6}$
    C. $\dfrac{1}{5}$ D. $\dfrac{1}{4}$
    E. $\dfrac{2}{5}$

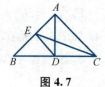

图 4.7

11. 矩形周长为 2，将它绕一边旋转一周. 当所得图形体积最大时，矩形的面积为（　　）.

    A. $\dfrac{4}{27}\pi$ B. $\dfrac{2}{3}$ C. $\dfrac{2}{9}$
    D. $\dfrac{27}{4}$ E. 均不正确

12. 如图 4.8 所示，$AB=10$ 是圆的直径，C 是弧 AB 的中点，ABD 是以 AB 为半径的扇形，则图中阴影部分的面积是(　　).

    A. $25\left(\dfrac{\pi}{2}+1\right)$ 　　　　B. $25\left(\dfrac{\pi}{2}-1\right)$

    C. $25\left(1+\dfrac{\pi}{4}\right)$ 　　　　D. $25\left(1-\dfrac{\pi}{4}\right)$

    E. 以上都不对

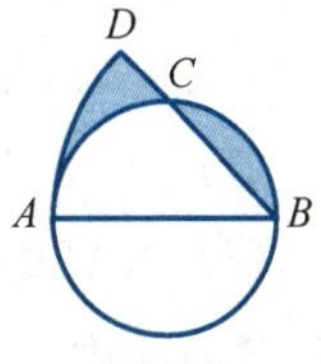

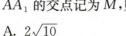

图 4.8

13. 如图 4.9 所示，在正三棱柱 $ABC\text{-}A_1B_1C_1$ 中，$AB=3$，$AA_1=2$. 由顶点 B 沿棱柱侧面经过棱 AA_1 到顶点 C_1 的最短路线与 AA_1 的交点记为 M，则最短路线的长度为(　　).

    A. $2\sqrt{10}$ 　　　　B. $4\sqrt{3}$

    C. 5 　　　　D. $3\sqrt{2}$

    E. 3

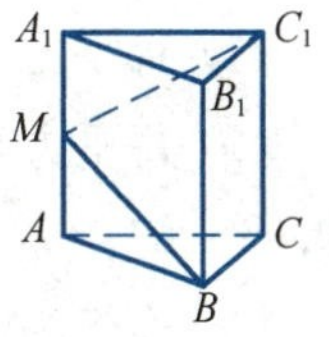

图 4.9

14. 如图 4.10 所示，弧 AC 是 $\dfrac{1}{4}$ 圆，以 AB，BC 为直径作两个半圆，构成两个阴影区域 x，y，两个阴影区域的面积 S_x(　　)S_y.

    A. $>$ 　　　　B. $\geqslant$

    C. $<$ 　　　　D. $\leqslant$

    E. $=$

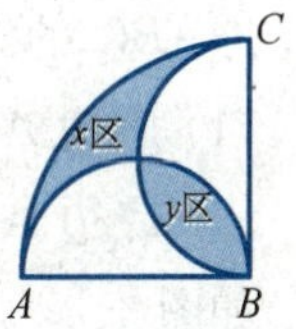

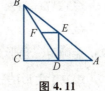

图 4.10

15. 如图 4.11 所示，在直角三角形 ABC 中，$AC=10$，$BC=8$，且 D，E，F 均为中点，则 $\triangle DEF$ 的面积是(　　).

    A. 4 　　　　B. 5

    C. 6 　　　　D. 8

    E. 10

图 4.11

二、条件充分性判断(本大题共 10 小题，每小题 3 分，共 30 分)

解题说明：本大题要求判断所给出的条件能否充分支持题干中陈述的结论.阅读条件(1)和(2)后选择.

　　A. 条件(1)充分，但条件(2)不充分.

　　B. 条件(2)充分，但条件(1)不充分.

　　C. 条件(1)和(2)单独都不充分，但条件(1)和(2)联合起来充分.

　　D. 条件(1)充分，条件(2)也充分.

　　E. 条件(1)和(2)单独都不充分，条件(1)和(2)联合起来也不充分.

16. 如图 4.12 所示，在 $\triangle ABC$ 中，$DE \parallel BC$，BE 与 CD 交于 F，则 $S_{\triangle ADE}:S_{\triangle ABC}=1:9$.

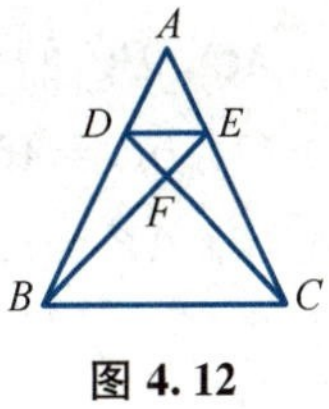

图 4.12

(1) $BD = 2AD$.

(2) $S_{\triangle EFC} = 3S_{\triangle DEF}$.

17. 如图 4.13 所示,能确定梯形 $ABCD$ 的面积为 80.

    (1) $\triangle AOB$ 的面积为 15,线段 OB 的长度为 OD 的 3 倍.

    (2) $\triangle AOD$ 的面积为 5,线段 BC 的长度为 AD 的 3 倍.

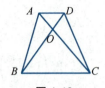

图 4.13

18. 体育馆有一个长方体形状的游泳池,长 50 米、宽 30 米、深 3 米,现要在游泳池的各个面上抹上一层水泥,则 22 吨水泥保证够用.

    (1) 每平方米用水泥 11 千克.

    (2) 每平方米用水泥 10 千克.

19. $S = 64$.

    (1) 边长为 4 的菱形两对角线长的平方和是 S.

    (2) 边长为 2 的正六边形的面积是 S.

20. $\triangle ABC$ 为直角三角形.

    (1) a,b,c 为 $\triangle ABC$ 的三边.

    (2) $x^2 + 2ax + b^2 = 0$ 与 $x^2 + 2cx - b^2 = 0$ 有一个相同的根.

21. $\triangle ABC$ 的面积保持不变.

    (1) 底边 AB 增加了 2 厘米,AB 上的高 h 减少了 2 厘米.

    (2) 底边 AB 扩大了 1 倍,AB 上的高 h 减少了 50%.

22. 如图 4.14 所示,在直角三角形 ABC 中,$BD \perp AC$,则 $AB = 5\sqrt{13}$.

    (1) $AD = 12$,$CD = 13$.

    (2) $AD = 13$,$CD = 12$.

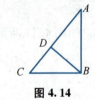

图 4.14

23. 能确定三角形为直角三角形.

    (1) 三角形的三条高之比为 $\sqrt{2} : \sqrt{3} : \sqrt{6}$.

    (2) 三角形的三条高之比为 $12 : 15 : 20$.

24. 如图 4.15 所示,$\triangle ABC$ 是等腰直角三角形,分别以 A,B 为圆心画弧,两弧相交于 D,且 $AD = BD$,则图中阴影部分的面积为 $50(\pi - 1)$.

    (1) AB 长为 20.

    (2) AC 长为 20.

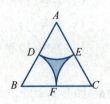

图 4.15

25. 如图 4.16 所示,已知 $\triangle ABC$ 为正三角形,D,E,F 分别为 AB,AC,BC 的中点,则图中阴影部分的面积为 $64\sqrt{3} - 32\pi$.

    (1) $BC = 16$.

    (2) $AE = 8$.

第五套卷

数 列

一、问题求解(本大题共15题,每小题3分,共45分,在每小题的5个选项中选择一项)

1. 已知数列$\{a_n\}$中,$a_1=1$,$a_{n+1}=\dfrac{2a_n}{a_n+2}$,则该数列的通项公式为( ).

A. $a_n=\dfrac{2}{n+1}$ B. $a_n=\dfrac{1}{n+1}$ C. $a_n=\dfrac{1}{n+2}$

D. $a_n=\dfrac{2}{n+2}$ E. $a_n=\dfrac{3}{n+1}$

2. 已知数列$\{a_n\}$的前n项和$S_n=3+2^n$,则这个数列是( ).

A. 等差数列

B. 等比数列

C. 既是等差数列又是等比数列

D. 既不是等差数列又不是等比数列

E. 以上结论均不正确

3. 已知数列$\{a_n\}$的前n项和$S_n=\dfrac{n+1}{n+2}(n\in\mathbf{N}^*)$,则$a_4=$( ).

A. $\dfrac{1}{30}$ B. $\dfrac{1}{20}$ C. $\dfrac{1}{10}$

D. $\dfrac{1}{40}$ E. $\dfrac{1}{50}$

4. 设$\{a_n\}$是等差数列,$a_3+a_{23}+a_{33}+a_{63}=160$,则此数列前60项之和$S_{60}$的值是( ).

A. 980   B. 1 200   C. 1 460

D. 1 800   E. 2 400

5. $\{a_n\}$是等差数列,前m项和$S_m=30$,$S_{2m}=100$,则$S_{4m}=$( ).

A. 160   B. 210   C. 260

D. 360   E. 以上结论均不正确

6. 3个不同的非零实数a,b,c成等差数列,且a,c,b恰成等比数列,则$\dfrac{a}{b}=$( ).

A. 1   B. 4   C. 2

D. -2 E. -3

7. 在各项都为正数的等比数列中,$a_1=3$,前3项和为21,则$a_3+a_4+a_5=$( ).

A. 32 B. 72 C. 84
D. 189 E. 3

8. 已知等差数列 $\{a_n\}$ 中，$a_7+a_9=16$，$a_4=1$，则 $a_{12}=$（　　）.

A. 15 B. 30 C. 20
D. 10 E. 40

9. 已知等差数列 $a_1+a_2+a_3+\cdots+a_{101}=0$，则有（　　）.

A. $a_1+a_{101}>0$ B. $a_2+a_{100}<0$ C. $a_3+a_{99}=0$
D. $a_3+a_{99}>0$ E. 以上都不对

10. $\{a_n\}$ 是等差数列，S_n 是它的前 n 项和，若 $S_n=10$，$S_{2n}=30$，则 S_{3n} 等于（　　）.

A. 50 B. 60 C. 40
D. 70 E. 90

11. 在等比数列 $\{a_n\}$ 中，若 $a_1 a_9=64$，$a_3+a_7=20$ 且 $a_7>a_3$，则 $a_{15}=$（　　）.

A. 16 B. 64 C. 96
D. 256 E. 32

12. 设 $\{a_n\}$ 是等差数列，$\{b_n\}$ 是各项都为正数的等比数列，且 $a_5+b_3=13$，$a_1=b_1=1$，$a_3+b_5=21$，则数列 $\dfrac{a_n}{b_n}=$（　　）.

A. $\dfrac{1}{2^n}$ B. $\dfrac{1}{2^{n-1}}$ C. $\dfrac{2n+1}{2^n}$
D. $\dfrac{2n-1}{2^{n-1}}$ E. $\dfrac{2n+1}{2^{n-1}}$

13. 数列 $\{a_n\}$ 是公差不为零的等差数列，前 n 项和为 S_n，若 $S_3=S_{10}$，则 a_1，a_2 的关系式是（　　）.

A. $a_1=\dfrac{6}{5}a_2$ B. $a_1=\dfrac{5}{6}a_2$ C. $a_1=\dfrac{7}{6}a_2$
D. $a_1=\dfrac{6}{7}a_2$ E. 以上结论均不正确

14. 设 $\{a_n\}$ 是公比大于1的等比数列，S_n 是 $\{a_n\}$ 的前 n 项和，已知 $S_3=7$，且 a_1+3，$3a_2$，a_3+4 构成等差数列，则 $\{a_n\}$ 的通项 $a_n=$（　　）.

A. 2^n B. 2^{n-1} C. 3^n
D. 3^{n-1} E. 以上结论均不正确

15. 数列 1，2，2，3，3，3，4，4，4，4，5，5，5，5，5，6，…的第 1000 项是（　　）.

A. 42 B. 45 C. 48
D. 46 E. 53

二、条件充分性判断(本大题共 10 小题,每小题 3 分,共 30 分)

解题说明:本大题要求判断所给出的条件能否充分支持题干中陈述的结论.阅读条件(1)和(2)后选择.

A. 条件(1)充分,但条件(2)不充分.
B. 条件(2)充分,但条件(1)不充分.
C. 条件(1)和(2)单独都不充分,但条件(1)和(2)联合起来充分.
D. 条件(1)充分,条件(2)也充分.
E. 条件(1)和(2)单独都不充分,条件(1)和(2)联合起来也不充分.

16. 已知数列 $a_1, a_2, \cdots, a_{10}$,则 $a_1 - a_2 + a_3 - a_4 + \cdots + a_9 - a_{10} \geqslant 0$.
    (1) $a_n \geqslant a_{n+1}, n = 1, 2, 3, \cdots, 9$.
    (2) $a_n^2 \geqslant a_{n+1}^2, n = 1, 2, 3, \cdots, 9$.

17. 数列 $\{a_n\}$ 的通项可以确定.
    (1) 数列 $\{a_n\}$ 中,有 $a_{n+1} = a_n + n$ 成立.
    (2) 数列 $\{a_n\}$ 的第 5 项为 1.

18. 数列 $\{a_n\}$ 的前两项为 $a_1 = \dfrac{1}{2}, a_2 = \dfrac{1}{4}$.
    (1) 数列 $\{a_n\}$ 的通项公式为 $a_n = \dfrac{1}{2n}$.
    (2) 数列 $\{a_n\}$ 的通项公式为 $a_n = \dfrac{1}{2^n}$.

19. 实数 a, b, c 成等比数列.
    (1) 关于 x 的一元二次方程 $ax^2 - 2bx + c = 0$ 有两相等实根.
    (2) $\lg a, \lg b, \lg c$ 成等差数列.

20. $\dfrac{a+b}{a^2+b^2} = -\dfrac{1}{3}$.
    (1) $a^2, 1, b^2$ 成等差数列.
    (2) $\dfrac{1}{a}, 1, \dfrac{1}{b}$ 成等比数列.

21. $a_n = 2n$.
    (1) $\{a_n\}$ 为等差数列.
    (2) $a_1 + a_3 = 8, a_2 + a_4 = 12$.

22. 方程组 $\begin{cases} x + y = a, \\ y + z = 4, \\ z + x = 2, \end{cases}$ 得 x, y, z 成等差数列.
    (1) $a = 1$.
    (2) $a = 0$.

23. 等比数列$\{a_n\}$的公比为q,则$q>1$.

（1）对于任意正整数n,都有$a_{n+1}>a_n$.

（2）$a_1>0$.

24. 已知数列$\{c_n\}$,其中$c_n=2^n+3^n$,则$\{c_{n+1}-pc_n\}$为等比数列.

（1）$p=2$.

（2）$p=3$.

25. 若等差数列$\{a_n\}$满足$a_7+a_8+a_9>0$,$a_7+a_{10}<0$,则$\{a_n\}$的前n项和最大.

（1）$n=7$.

（2）$n=8$.

第六套卷

解析几何

一、问题求解(本大题共15题,每小题3分,共45分,在每小题的5个选项中选择一项)

1. 已知3个点 $A(x,5)$,$B(-2,y)$,$C(1,1)$,若点 C 是线段 AB 的中点,则( ).
   A. $x=4$,$y=-3$　　　　B. $x=0$,$y=3$
   C. $x=0$,$y=-3$　　　　D. $x=-4$,$y=-3$
   E. $x=3$,$y=-4$

2. 已知线段 AB 长为12,点 A 的坐标是 $(-4,8)$,点 B 横纵坐标相等,则点 B 的坐标为( ).
   A. $(-4,-4)$　　　　B. $(8,8)$
   C. $(4,4)$ 或 $(8,8)$　　　　D. $(-4,-4)$ 或 $(8,8)$
   E. $(4,4)$ 或 $(-8,-8)$

3. 已知点 $C(2,-3)$,$M(1,2)$,$N(-1,-5)$,则点 C 到直线 MN 的距离等于( ).
   A. $\dfrac{17\sqrt{53}}{53}$　　　　B. $\dfrac{17\sqrt{55}}{55}$　　　　C. $\dfrac{19\sqrt{53}}{53}$
   D. $\dfrac{18\sqrt{53}}{53}$　　　　E. $\dfrac{19\sqrt{55}}{53}$

4. 方程 $x^2+y^2+4mx-2y+5m=0$ 表示圆的充分必要条件是( ).
   A. $\dfrac{1}{4}<m<1$　　　　B. $m<\dfrac{1}{4}$ 或 $m>1$　　　　C. $m<\dfrac{1}{4}$
   D. $m>1$　　　　E. $1<m<4$

5. 由曲线 $|x|+|y|=1$ 所围成的平面图形的面积是( ).
   A. 1　　　　B. $\sqrt{2}$　　　　C. 2
   D. $\sqrt{3}$　　　　E. $2\sqrt{2}$

6. 由曲线 $|x|+|2y|=4$ 所围成的平面图形的面积是( ).
   A. 12　　　　B. 14　　　　C. 16
   D. 18　　　　E. 8

7. 由曲线 $|xy|+1=|x|+|y|$ 所围成的平面图形的面积是( ).
   A. $\dfrac{1}{4}$　　　　B. $\dfrac{1}{2}$　　　　C. 1
   D. 2　　　　E. 4

8. 过点 $A(2,1)$ 且在 x,y 轴上截距相等的直线有( )条.

A. 1   B. 2   C. 3

D. 4   E. 无数条

9. 在直角坐标系中，O 为原点，点 A,B 的坐标分别为 $(-2,0)$，$(2,-2)$，以 OA 为一边，OB 为另一边作平行四边形 $OACB$，则平行四边形的边 AC 的方程是（　　）．

   A. $y=-2x-1$ B. $y=-2x-2$ C. $y=-x-2$

   D. $y=\dfrac{1}{2}x-\dfrac{3}{2}$ E. $y=-\dfrac{1}{2}x-\dfrac{3}{2}$

10. 到直线 $2x+y+1=0$ 的距离为 $\dfrac{1}{\sqrt{5}}$ 的点的集合是（　　）．

    A. 直线 $2x+y-2=0$

    B. 直线 $2x+y=0$

    C. 直线 $2x+y=0$ 及直线 $2x+y-2=0$

    D. 直线 $2x+y=0$ 及直线 $2x+y+2=0$

    E. 直线 $2x+y-1=0$ 及直线 $2x+y-2=0$

11. 一圆与 y 轴相切，圆心在直线 $x-3y=0$ 上，且在直线 $y=x$ 上截得的弦长为 $2\sqrt{7}$，则此圆的方程是（　　）．

    A. $(x-3)^2+(y-1)^2=9$

    B. $(x+3)^2+(y+1)^2=9$

    C. $(x-3)^2+(y-1)^2=3$

    D. $(x+3)^2+(y+1)^2=9$ 或 $(x-3)^2+(y-1)^2=9$

    E. $(x-3)^2+(y-1)^2=3$ 或 $(x+3)^2+(y+1)^2=3$

12. 过点 $(-2,0)$ 的直线 l 与圆 $x^2+y^2=2x$ 有两个交点，则斜率 k 的取值范围是（　　）．

    A. $(-2\sqrt{2},2\sqrt{2})$ B. $(-\sqrt{2},\sqrt{2})$

    C. $\left(-\dfrac{\sqrt{2}}{4},\dfrac{\sqrt{2}}{4}\right)$ D. $\left(-\dfrac{1}{4},\dfrac{1}{4}\right)$

    E. $\left(-\dfrac{1}{8},\dfrac{1}{8}\right)$

13. 设 A,B 是两个圆 $(x-2)^2+(y+3)^2=5$ 与 $(x-1)^2+(y+1)^2=3$ 的交点，则过 A,B 的直线方程为（　　）．

    A. $4x+2y-9=0$ B. $4x-2y+9=0$

    C. $2x-4y-9=0$ D. $2x+4y-9=0$

    E. $2x-4y+9=0$

14. 点 $P(-3,-1)$ 关于直线 $3x+4y-12=0$ 的对称点 P' 是（　　）．

    A. $(2,8)$ B. $(1,3)$ C. $(8,2)$

    D. $(3,7)$ E. $(7,3)$

15. 点 $A(1,-1)$ 关于直线 $x+y=1$ 的对称点 A' 的坐标是(　　).

A. $(2,0)$　　　　B. $(1,0)$　　　　C. $(-1,0)$

D. $(0,-2)$　　　　E. $(-1,1)$

二、条件充分性判断(本大题共10小题,每小题3分,共30分)

解题说明:本大题要求判断所给出的条件能否充分支持题干中陈述的结论.阅读条件(1)和(2)后选择.

A. 条件(1)充分,但条件(2)不充分.

B. 条件(2)充分,但条件(1)不充分.

C. 条件(1)和(2)单独都不充分,但条件(1)和(2)联合起来充分.

D. 条件(1)充分,条件(2)也充分.

E. 条件(1)和(2)单独都不充分,条件(1)和(2)联合起来也不充分.

16. 点 $A(3,4)$,$B(2,-1)$ 到直线 $y=kx$ 的距离之比为 $1:2$.

(1) $k=\dfrac{9}{4}$.

(2) $k=\dfrac{7}{8}$.

17. 直线 $l:ax+by+c=0$ 必不通过第三象限.

(1) $ac\leqslant 0$,$bc<0$.

(2) $ab>0$,$c<0$.

18. $x^2+y^2-ax-by+c=0$ 与 x 轴相切,则能确定 a 的值.

(1) 已知 c 的值.

(2) 已知 b 的值.

19. 直线 l 的方程为 $2x-3y+5=0$.

(1) 圆 $C_1:x^2+y^2-4x+6y=0$ 与圆 $C_2:x^2+y^2-6x=0$ 的交点为 A,B,线段 AB 的垂直平分线的方程为 l.

(2) 已知 $\triangle ABC$ 的两个顶点 $A(-2,1)$,$B(2,-1)$,第三个顶点 C 在直线 $2x-3y+15=0$ 上,$\triangle ABC$ 的重心 G 的轨迹方程为 l.

20. 圆 $(x-1)^2+(y-2)^2=4$ 与直线 $(1+2\lambda)x+(1-\lambda)y-3-3\lambda=0$ 相交于两点.

(1) $\lambda=\dfrac{2\sqrt{3}}{5}$.

(2) $\lambda=\dfrac{5\sqrt{3}}{2}$.

21. 圆 $C_1:\left(x-\dfrac{3}{2}\right)^2+(y-2)^2=r^2$ 与圆 $C_2:x^2-6x+y^2-8y=0$ 有交点.

(1) $0 < r < \dfrac{5}{2}$.

(2) $r > \dfrac{15}{2}$.

22. 半径分别为 2 与 5 的两个圆,圆心坐标分别为 $(a,1)$ 与 $(2,b)$,它们有 4 条公切线.

(1) 点 $P(a,b)$ 在圆 $(x-2)^2+(y-1)^2=49$ 的里面.

(2) 点 $P(a,b)$ 在圆 $(x-2)^2+(y-1)^2=49$ 的外面.

23. $(m+2)x+3my+1=0$ 与 $(m-2)x+(m+2)y-3=0$ 相互垂直.

(1) $m=\dfrac{1}{2}$.

(2) $m=-2$.

24. 两直线 $y=x+1$,$y=ax+7$ 与 x 轴所围成的面积是 $\dfrac{27}{4}$.

(1) $a=-3$.

(2) $a=-2$.

25. 圆 $x^2+y^2-2x-4y=0$ 的圆心到直线 $x-y+a=0$ 的距离为 $\dfrac{\sqrt{2}}{2}$.

(1) $a=-2$.

(2) $a=2$.

第七套卷

排 列 组 合

一、问题求解(本大题共15题,每小题3分,共45分,在每小题的5个选项中选择一项)

1. 从4名男生与3名女生中选出4人参加某个座谈会,若这4个人中必须既有男生又有女生,则不同的选法共有( )种.
   A. 140　　　　　　　B. 120　　　　　　　C. 35
   D. 34　　　　　　　E. 30

2. 从10名大学生中选3人担任村长助理,则甲、乙至少1人入选,而丙没入选的不同方法数为( ).
   A. 36　　　　　　　B. 49　　　　　　　C. 40
   D. 65　　　　　　　E. 19

3. 某委员会由3个不同专业的人员组成,3个专业的人数分别是2,3,4,从中选派2位不同专业的委员外出调研,则不同的选派方式有( )种.
   A. 36　　　　　　　B. 26　　　　　　　C. 12
   D. 8　　　　　　　E. 6

4. 平面上4条平行直线与另外5条平行直线相互垂直,则它们构成的矩形共有( )个.
   A. 60　　　　　　　B. 120　　　　　　　C. 30
   D. 90　　　　　　　E. 80

5. 一个口袋内装有4个不同的红球、6个不同的白球,若取出1个红球记2分、取出1个白球记1分,从口袋中取出5个球,使得总分不小于7分的取法有( )种.
   A. 136　　　　　　　B. 149　　　　　　　C. 140
   D. 165　　　　　　　E. 186

6. 两次抛掷一枚骰子,两次出现的点数之和为奇数的情况有( )种.
   A. 6　　　　　　　B. 12　　　　　　　C. 18
   D. 24　　　　　　　E. 36

7. 从7个不同的文艺节目中选5个编成一个节目单,如果某女演员的独唱节目一定不能排在第二个节目的位置上,则共有( )种不同的排法.
   A. 2 060　　　　　　　B. 2 080　　　　　　　C. 2 120
   D. 2 160　　　　　　　E. 2 180

8. 在一次演唱会上共有10名演员,其中8人能唱歌、5人会跳舞,现在要演出2人唱歌、2人伴舞的节目,有( )种方法.

A. 136　　　　　　　　B. 199　　　　　　　　C. 240
D. 265　　　　　　　　E. 286

9. 在8名志愿者中,只能做英语翻译的有4人、只能做法语翻译的有3人、既能做英语翻译又能做法语翻译的有1人,现从这些志愿者中选取3人做翻译工作,确保英语和法语都有翻译的不同选法有(　　)种.
   A. 12　　　　　　　　B. 18　　　　　　　　C. 21
   D. 30　　　　　　　　E. 51

10. 7人照相,要求甲、乙两人相邻,不同的排法有(　　)种.
    A. $P_2^2 P_6^6$　　　　　　B. $P_2^2 P_5^5$　　　　　　C. $C_2^2 P_5^5$
    D. $P_2^2 P_7^7$　　　　　　E. $C_2^2 P_7^7$

11. 5对姐妹与2个男生站在一排,要求每对姐妹必须相邻,排法有(　　)种.
    A. $P_2^2 P_7^7$　　　　　　　　　　B. $P_2^2 P_2^2 P_2^2$　　　　　　　　　　C. $P_2^2 P_2^2 P_2^2 P_2^2 P_2^2$
    D. $P_2^2 P_2^2 P_2^2 P_2^2 P_2^2 P_7^7$　　　E. $P_2^2 P_2^2 P_2^2 P_2^2$

12. 3名男歌唱家与2名女歌唱家联合举行一场音乐会,演出的出场顺序要求2名女歌唱家之间恰好有1名男歌唱家,其出场方案共有(　　)种.
    A. 36　　　　　　　　B. 18　　　　　　　　C. 12
    D. 24　　　　　　　　E. 16

13. 要排一个有6个歌唱节目与4个舞蹈节目的演出节目单,任何2个舞蹈节目不相邻的排法有(　　)种.
    A. $P_2^2 P_6^6$　　　　　　B. $P_2^2 C_4^1 P_5^5$　　　　　　C. $P_6^6 P_7^4$
    D. $P_2^2 P_7^7$　　　　　　E. $P_2^2 P_5^5$

14. 由1,2,3,4,5,6,7构成一个无重复数字的七位数,其中1,2,4不相邻的情况有(　　)种.
    A. 1 200　　　　　　　B. 1 440　　　　　　　C. 1 330
    D. 2 000　　　　　　　E. 1 500

15. 有两排座位,前排6个,后排7个,前排中间2个座位不能坐人,安排2人就座,且2人不能相邻的坐法数为(　　).
    A. 90　　　　　　　　B. 91　　　　　　　　C. 93
    D. 94　　　　　　　　E. 95

二、条件充分性判断(本大题共10小题,每小题3分,共30分)

解题说明:本大题要求判断所给出的条件能否充分支持题干中陈述的结论.阅读条件(1)和(2)后选择.
A. 条件(1)充分,但条件(2)不充分.
B. 条件(2)充分,但条件(1)不充分.

C. 条件(1)和(2)单独都不充分,但条件(1)和(2)联合起来充分.

D. 条件(1)充分,条件(2)也充分.

E. 条件(1)和(2)单独都不充分,条件(1)和(2)联合起来也不充分.

16. 从 1,2,3,4,5 中随机取 3 个数(允许重复)组成一个三位数,则共有 19 种不同的取法.

    (1) 取出的三位数的各位数字之和等于 9.

    (2) 取出的三位数的各位数字之和等于 7.

17. 某小组有 8 名同学,从这小组男生中选 2 人,女生中选 1 人去完成 3 项不同的工作,每项工作应有 1 人,共有 180 种安排方法.

    (1) 该小组中男生有 5 人.

    (2) 该小组中男生有 6 人.

18. 从 a,b,c,d,e,f,g,h 中选取 5 个不同的字母排成一排,含有 bc(其中 bc 相连且顺序不变)的不同的排列共有 N 种.

    (1) $N=720$.

    (2) $N=480$.

19. 某公司开晚会,定好了 6 个节目,由于节目较少,需要再添加 n 个团体节目,但要求先前已经排好的 6 个节目相对顺序不变,则所有不同的安排方法共有 504 种.

    (1) $n=2$.

    (2) $n=3$.

20. 可以组成 60 个不同的六位数.

    (1) 用 1 个数字 1,2 个数字 2 与 3 个数字 3.

    (2) 用 2 个数字 1,2 个数字 2 与 2 个数字 3.

21. 由 1,2,3,4,5,6 组成无重复的六位数,偶数有 108 个.

    (1) 1 与 5 不相邻.

    (2) 3 与 5 不相邻.

22. 把 n 个相同小球放入 3 个不同箱子,第 1 个箱子至少 1 个,第 2 个箱子至少 3 个,第 3 个箱子可以不放,共有 28 种情况.

    (1) $n=8$.

    (2) $n=9$.

23. 从集合 $\{0,1,2,3,5,7,11\}$ 中任取 3 个不同的元素分别作为直线方程 $Ax+By+C=0$ 中的 A,B,C,所得的经过坐标原点的直线有 k 条.

    (1) $k=30$.

    (2) $k=36$.

24. $m=20$.

    (1) 有 50 张 3 元邮票与 30 张 5 元邮票,用这些邮票能组成不同邮资 m 种.

    (2) 从 1,2,3,4,5,6,7,8,9 中任意选出 3 个数,使它们的和为偶数,则共有 m 种不同的选法.
25. 男女学生共有 8 人，从男生中选取 2 人，从女生中选取 1 人，则共有 30 种不同的选法.
   (1) 其中女生有 2 人.
   (2) 其中女生有 3 人.

第八套卷

概　　率

一、问题求解(本大题共15题,每小题3分,共45分,在每小题的5个选项中选择一项)

1. 甲盒中有200个螺杆,其中A型的有160个;乙盒中有240个螺母,其中A型的有180个.若从甲、乙两盒中各任取一个零件,则能配成A型螺栓的概率是(　　).

    A. $\dfrac{1}{20}$　　　　B. $\dfrac{15}{16}$　　　　C. $\dfrac{3}{5}$

    D. $\dfrac{19}{20}$　　　　E. $\dfrac{19}{30}$

2. 在一次商品促销活动中,主持人出示一个九位数,让顾客猜测商品的价格,商品的价格是该九位数中由从左到右相邻的4个数字组成的四位数.若主持人出示的是513535319,则顾客一次猜中的概率是(　　).

    A. $\dfrac{1}{7}$　　　　B. $\dfrac{1}{6}$　　　　C. $\dfrac{1}{5}$

    D. $\dfrac{2}{7}$　　　　E. $\dfrac{1}{3}$

3. 某商场举行店庆活动,顾客消费达到一定数量后,可以在4种赠品中随机选取2件不同的赠品.则任意2位顾客所选的赠品中,恰有1件品种相同的概率是(　　).

    A. $\dfrac{1}{6}$　　　　B. $\dfrac{1}{4}$　　　　C. $\dfrac{1}{3}$

    D. $\dfrac{1}{2}$　　　　E. $\dfrac{2}{3}$

4. 在一次竞猜活动中,设有5关,如果连续通过2关就算闯关成功.小王通过每关的概率都是 $\dfrac{1}{2}$,他闯关成功的概率是(　　).

    A. $\dfrac{1}{8}$　　　　B. $\dfrac{1}{4}$　　　　C. $\dfrac{3}{8}$

    D. $\dfrac{1}{2}$　　　　E. $\dfrac{19}{32}$

5. 将2个红球与1个白球随机地放入甲、乙、丙3个盒子中,则乙盒中至少有1个红球的概率为(　　).

    A. $\dfrac{1}{9}$　　　　B. $\dfrac{8}{27}$　　　　C. $\dfrac{4}{9}$

D. $\dfrac{5}{9}$ E. $\dfrac{17}{27}$

6. 某装置的启动密码由 0 到 9 中的 3 个不同数字组成,连续 3 次输入错误密码,就会导致该装置永久关闭,则一个仅记得密码是由 3 个不同数字组成的人能够启动此装置的概率为( ).

   A. $\dfrac{1}{120}$ B. $\dfrac{1}{168}$ C. $\dfrac{1}{240}$

   D. $\dfrac{1}{720}$ E. $\dfrac{1}{1\,000}$

7. 现从 5 名管理专业、4 名经济专业及 1 名财会专业的学生中随机派出一个 3 人小组,则该小组中 3 个专业各有 1 名学生的概率为( ).

   A. $\dfrac{1}{2}$ B. $\dfrac{1}{3}$ C. $\dfrac{1}{4}$

   D. $\dfrac{1}{5}$ E. $\dfrac{1}{6}$

8. 10 名网球选手中有 2 名种子选手,现将他们分成两组,每组 5 名选手,则 2 名种子选手不在同一组的概率为( ).

   A. $\dfrac{5}{18}$ B. $\dfrac{4}{9}$ C. $\dfrac{5}{9}$

   D. $\dfrac{1}{2}$ E. $\dfrac{2}{3}$

9. 冰柜里装有 4 种饮料,5 瓶特种可乐、12 瓶普通可乐、9 瓶橘子水、6 瓶啤酒,其中特种可乐与普通可乐是含有咖啡因的饮料.那么,从冰柜里随机取一瓶饮料,该饮料含有咖啡因的概率是( ).

   A. $\dfrac{5}{32}$ B. $\dfrac{3}{8}$ C. $\dfrac{15}{32}$

   D. $\dfrac{17}{32}$ E. $\dfrac{19}{32}$

10. 将 5 个相同的球放入位于一排的 8 个格子中,每格至多放 1 个球,则有 3 个空格相连的概率是( ).

    A. $\dfrac{3}{56}$ B. $\dfrac{5}{56}$ C. $\dfrac{3}{28}$

    D. $\dfrac{5}{28}$ E. $\dfrac{7}{28}$

11. 将 3 位男生、3 位女生平均分成 3 组,恰好每组都有 1 位男生、1 位女生的概率是( ).

    A. $\dfrac{2}{5}$ B. $\dfrac{1}{6}$ C. $\dfrac{1}{5}$

D. $\dfrac{1}{30}$ E. $\dfrac{1}{9}$

12. 有3个人以相同的概率被分配到A，B，C，D这4个房间中的任一间中，则至少2人在同一个房间的概率为（   ）.

    A. $\dfrac{1}{6}$ B. $\dfrac{1}{3}$ C. $\dfrac{3}{5}$

    D. $\dfrac{4}{7}$ E. $\dfrac{5}{8}$

13. 从数字1，2，3，4，5中随机抽取3个数字（允许重复）组成一个三位数，其各位数字之和等于9的概率为（   ）.

    A. $\dfrac{13}{125}$ B. $\dfrac{16}{125}$ C. $\dfrac{18}{125}$

    D. $\dfrac{19}{125}$ E. $\dfrac{23}{125}$

14. 已知10件产品中有4件一等品，从中任取2件，则至少有1件一等品的概率为（   ）.

    A. $\dfrac{1}{3}$ B. $\dfrac{2}{3}$ C. $\dfrac{2}{15}$

    D. $\dfrac{8}{15}$ E. $\dfrac{13}{15}$

15. 6人入住4个房间，无空房的概率是（   ）.

    A. $\dfrac{780}{4\,096}$ B. $\dfrac{1\,440}{4\,096}$ C. $\dfrac{1\,560}{4\,096}$

    D. $\dfrac{720}{1\,296}$ E. $\dfrac{780}{1\,296}$

二、条件充分性判断（本大题共10小题，每小题3分，共30分）

解题说明：本大题要求判断所给出的条件能否充分支持题干中陈述的结论.阅读条件(1)和(2)后选择.

A. 条件(1)充分，但条件(2)不充分.
B. 条件(2)充分，但条件(1)不充分.
C. 条件(1)和(2)单独都不充分，但条件(1)和(2)联合起来充分.
D. 条件(1)充分，条件(2)也充分.
E. 条件(1)和(2)单独都不充分，条件(1)和(2)联合起来也不充分.

16. $p = \dfrac{1}{9}$.

    (1) 将骰子先后抛掷2次，抛出的骰子向上的点数之和为5的概率为 p.
    (2) 将骰子先后抛掷2次，抛出的骰子向上的点数之和为9的概率为 p.

17. $p = \dfrac{3}{8}$.

(1) 先后投掷 3 枚均匀的硬币,出现 2 枚正面向上、1 枚反面向上的概率为 p.

(2) 甲、乙两个人投宿 3 个旅馆,恰好两人住在一个旅馆的概率为 p.

18. 取出的 3 件产品中至少有 1 件次品的概率为 $\dfrac{137}{228}$.

(1) 共有 20 件产品.

(2) 产品中有 15 件正品.

19. 某射手在一次射击中,射中的环数低于 9 环的概率为 0.48.

(1) 该射手在一次射击中,射中 10 环的概率为 0.24.

(2) 该射手在一次射击中,射中 9 环的概率为 0.28.

20. 甲、乙两人各进行一次射击,至少有一人击中目标的概率为 0.84.

(1) 在一次射击中,甲击中目标的概率为 0.6,乙击中目标的概率为 0.5.

(2) 在一次射击中,甲、乙分别击中目标的概率均为 0.6.

21. 一筐苹果中任取一个,质量在 [200 克,300 克] 区间内的概率是 0.53.

(1) 质量小于 200 克的概率是 0.25.

(2) 质量不小于 350 克的概率是 0.22.

22. 一个篮球运动员投篮 n 次,命中率均为 $\dfrac{3}{5}$,则这个篮球运动员投篮至少有 1 次投中的概率是 0.936.

(1) $n = 3$.

(2) $n = 4$.

23. 甲、乙两人下棋,甲不输的概率为 0.9,则甲、乙两人下成和棋的概率为 0.5.

(1) 乙获胜的概率为 0.4.

(2) 甲获胜的概率为 0.4.

24. 从 n 名男同学、m 名女同学中任选 3 名参加体能测试,则选到的 3 名同学中既有男同学又有女同学的概率为 $\dfrac{3}{4}$.

(1) $n = 5$.

(2) $m = 2$.

25. 把 10 本书任意地放在书架上,其中指定的 n 本书彼此相邻的概率为 $\dfrac{1}{15}$.

(1) $n = 3$.

(2) $n = 4$.

第九套卷

一、**问题求解**(本大题共 15 题,每小题 3 分,共 45 分,在每小题的 5 个选项中选择一项)

1. 设 $a=\left(1-\dfrac{1}{2}\right)\left(1-\dfrac{1}{3}\right)\left(1-\dfrac{1}{4}\right)\cdots\left(1-\dfrac{1}{9}\right)$,$b=\left(1-\dfrac{1}{2^2}\right)\left(1-\dfrac{1}{3^2}\right)\left(1-\dfrac{1}{4^2}\right)\cdots\left(1-\dfrac{1}{9^2}\right)$,则 a,b 的值分别为( ).

   A. $\dfrac{1}{9},\dfrac{5}{9}$ B. $\dfrac{1}{9},\dfrac{10}{9}$ C. $\dfrac{2}{9},\dfrac{5}{9}$

   D. $\dfrac{2}{9},\dfrac{1}{18}$ E. 以上都不对

2. 实数 x,y,z 满足 $|x^2+4xy+5y^2|+\sqrt{z+\dfrac{1}{2}}=-2y-1$,则 $(4x-10y)^z$ 等于( ).

   A. $\dfrac{\sqrt{6}}{2}$ B. $-\dfrac{\sqrt{6}}{2}$ C. $\dfrac{\sqrt{2}}{6}$

   D. $-\dfrac{\sqrt{2}}{6}$ E. $\dfrac{\sqrt{6}}{6}$

3. 已知 m,n 是有理数,且方程 $x^2+mx+n=0$ 有一个根是 $\sqrt{5}-2$,那么 $m+n$ 的值为( ).

   A. 1 B. 3 C. 5

   D. -5 E. -3

4. 已知 $\dfrac{x}{3}=\dfrac{y}{4}=\dfrac{z}{5}$,则 $\dfrac{2x-3y+4z}{5x+2y-7z}=$( ).

   A. $\dfrac{17}{32}$ B. $-\dfrac{7}{6}$ C. $\dfrac{7}{6}$

   D. -1 E. 1

5. 有甲、乙两块含铅锡合金,甲含铅 40 克、含锡 10 克,乙含铅 3 克、含锡 27 克,要得到含铅 62.5% 的合金 40 克,则甲、乙两种合金应各取( ).

   A. 25 克和 15 克 B. 20 克和 20 克 C. 10 克和 30 克

   D. 30 克和 10 克 E. 12 克和 28 克

6. 商店委托搬运送 500 只瓷花瓶,双方商定每只花瓶运费 0.5 元.若搬运中打破一只,则

不但不计运费,还要从运费中扣除2元,已知搬运队共收到240元,则搬运中打破花瓶的只数为( ).

A. 2   B. 3   C. 4
D. 5   E. 6

7. 甲、乙两人在400米的跑道上参加长跑比赛,甲、乙同时出发,甲跑3圈后,第一次遇到乙,如果甲的平均速度比乙的平均速度快3米/秒,则乙的平均速度为( ).

A. 5米/秒   B. 6米/秒   C. 7米/秒
D. 8米/秒   E. 9米/秒

8. 不等式 $\dfrac{(x-a)^2+(x+a)^2}{x} > 4$ 对 $x \in (0, +\infty)$ 恒成立,则实数 a 的取值范围是( ).

A. $(-\infty, -1)$ B. $(1, +\infty)$ C. $(-1, 1)$
D. $(-1, +\infty)$ E. $(-\infty, -1) \cup (1, +\infty)$

9. 7个人站成一排,其中甲、乙两人中间恰好间隔2人的排法有( )种.

A. 240   B. 480   C. 960
D. 320   E. 以上都不对

10. 要使关于 x 的不等式 $\sqrt{1-x^2} < x+a$ 在 $x \in [-1, 1]$ 恒成立,则实数 a 的取值范围是( ).

A. $(2, +\infty)$ B. $[\sqrt{2}, +\infty)$
C. $(\sqrt{2}, +\infty)$ D. $[2, +\infty)$
E. $(-\infty, \sqrt{2}]$

11. 已知 $\{a_n\}$ 是等差数列,$a_2+a_5+a_8=18$,$a_3+a_6+a_9=12$,则 $a_4+a_7+a_{10}=$( ).

A. 6   B. 10   C. 13
D. 16   E. 20

12. 6个不同的球投入编号为1~7的空盒中,恰有6个盒子中各有1个球的概率是( ).

A. $\dfrac{P_6^6}{7^6}$ B. $\dfrac{P_6^6}{7^5}$ C. $\dfrac{C_7^6}{7^6}$
D. $\dfrac{6^6}{7^6}$ E. 都不对

13. 如图9.1所示,BD,CF 将长方形 $ABCD$ 分成4块,$\triangle DEF$ 的面积为4,$\triangle DEC$ 的面积为6,则四边形区域 $ABEF$ 的面积为( ).

A. 9   B. 10
C. 11   D. 12
E. 13

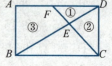

图9.1

14. 若实数 x，y 满足条件：$x^2+y^2-4x+1=0$，则 $\dfrac{y}{x}$ 的最大值是（　　）．

   A. $\dfrac{1}{2}$　　　　B. $\dfrac{\sqrt{3}}{3}$　　　　C. $\dfrac{\sqrt{3}}{2}$

   D. 1　　　　E. $\sqrt{3}$

15. 已知圆 C 与圆：$x^2+y^2-2x=0$ 关于 $x+y=0$ 对称，则圆 C 的方程为（　　）．

   A. $(x+1)^2+y^2=1$　　　　B. $x^2+y^2=1$

   C. $x^2+(y+1)^2=1$　　　　D. $x^2+(y-1)^2=1$

   E. 以上都不对

二、条件充分性判断（本大题共 10 小题，每小题 3 分，共 30 分）

解题说明：本大题要求判断所给出的条件能否充分支持题干中陈述的结论．阅读条件（1）和（2）后选择．

   A. 条件(1)充分，但条件(2)不充分．
   B. 条件(2)充分，但条件(1)不充分．
   C. 条件(1)和(2)单独都不充分，但条件(1)和(2)联合起来充分．
   D. 条件(1)充分，条件(2)也充分．
   E. 条件(1)和(2)单独都不充分，条件(1)和(2)联合起来也不充分．

16. 正整数 m 是一个完全平方数．

   (1) $\sqrt{m}$ 是一个整数．

   (2) 对于每个质数 p，若 p 是 m 的一个因子，则 p^2 也是 m 的一个因子．

17. $\dfrac{|b+c|}{a}+\dfrac{|a+c|}{b}+\dfrac{|b+a|}{c}=-1$．

   (1) 实数 a，b，c 满足 $a+b+c=0$．

   (2) 实数 a，b，c 满足 $abc>0$．

18. $0\leqslant x\leqslant 3$．

   (1) $|x-1|+|x-3|=2$．

   (2) $||x-2|-x|=2$．

19. 方程 $3x^2+(m-5)x+m^2-m-2=0$ 的两根分别满足 $0<x_1<1$，$1<x_2<2$．

   (1) $-\dfrac{3}{2}<m<0$．

   (2) $0<m<1$．

20. 学校工会为教工买来篮球、排球、足球各若干，其中篮球、排球、足球的单价之比为 5：3：4，篮球、排球、足球的个数之比为 4：3：5．则可以确定篮球、排球、足球这些球的平均单价是 147 元．

(1) 篮球的单价为 142 元.

(2) 篮球的单价为 180 元.

21. 班长花了 500 元买了 10 元、15 元、20 元 3 种票价的电影票,其中票价 20 元的电影票比票价 10 元的电影票多 10 张.

    (1) 班长买了 30 张电影票.

    (2) 班长买了 25 张电影票.

22. 设等比数列 $\{a_n\}$ 的前 n 项和为 S_n,则 $S_3 + S_6 = 2S_9$.

    (1) $q = 1$.

    (2) $q = -\dfrac{\sqrt[3]{4}}{2}$.

23. $m = -2$, $n = 3$.

    (1) 直线 $(2+m)x - y + 5 - n = 0$ 平行于 x 轴,且与 x 轴的距离为 2.

    (2) $k \in \mathbb{R}$,直线恒过定点 (m, n),直线为 $(1+2k)x + (2-k)y - 4 + 7k = 0$.

24. 甲、乙两人各进行一次独立射击,至少有一人击中目标的概率是 0.88.

    (1) 在一次射击中,甲击中目标的概率为 0.6,乙击中目标的概率为 0.7.

    (2) 在一次射击中,甲、乙击中目标的概率都是 0.6.

25. $a = -4$.

    (1) 点 $A(1, 0)$ 关于直线 $x - y + 1 = 0$ 的对称点为 $A'\left(\dfrac{a}{4}, -\dfrac{a}{2}\right)$.

    (2) 直线 $l_1 : (2+a)x + 5y = 1$ 与直线 $l_2 : ax + (2+a)y = 2$ 垂直.

第十套卷

一、问题求解(本大题共15题,每小题3分,共45分,在每小题的5个选项中选择一项)

1. 设 $\frac{1}{x}:\frac{1}{y}:\frac{1}{z}=4:5:6$,则使 $x+y+z=74$ 成立的 y 值是( ).

   A. 24   B. 36   C. $\frac{74}{3}$

   D. $\frac{37}{2}$ E. 以上答案均不正确

2. 某公司的员工,拥有本科毕业证、计算机等级证、汽车驾驶证的人数分别为130,110,90.又知只有一种证的人数为140,三证齐全的人数为30,则恰有双证的人数为( ).

   A. 45   B. 50   C. 52

   D. 65   E. 100

3. A,B两种型号的客车载客量分别为36人及60人,租金分别为1 600元/辆及2 400元/辆.某旅行社租用A,B两种车辆安排900名旅客出行,要求B型车租用数量不多于A型车租用数量,则最少要花租金( )元.

   A. 27 600   B. 28 200   C. 28 600

   D. 37 200   E. 37 600

4. 某公司规定,门窗每3天擦拭一次,绿化植物每5天浇一次水,消防设施每2天检查一次.如果上述3项工作刚好集中在星期三都完成了,那么下一次3项工作集中在同一天完成是在( ).

   A. 星期一   B. 星期二   C. 星期四

   D. 星期五   E. 星期六

5. 甲船逆水行360千米需18小时,返回原地需10小时;乙船逆水行同样一段距离需15小时,那么乙返回原地需( )小时.

   A. 6   B. 9   C. 10

   D. 12   E. 14

6. 用0,1,2,3,4这5个数字组成没有重复数字的四位数,那么在这些四位数中,偶数共有( )个.

   A. 120   B. 96   C. 60

   D. 36   E. 48

7. 一辆车从甲地开往乙地,如果把车速提高20%,可以比原定时间提前1小时到达;如果以原速度行驶100千米后,再将车速提高30%,也可以比原定时间提前1小时到达.那么,甲、乙两地的距离为( )千米.

A. 200　　　　　　　　B. 150　　　　　　　　C. 320

D. 360　　　　　　　　E. 400

8. 如图10.1所示,四边形$ABCD$是边长为1的正方形,弧AOB,BOC,COD,DOA均为半圆,则阴影部分的面积为( ).

A. $\dfrac{1}{2}$　　　　　　　　B. $\dfrac{\pi}{2}$

C. $1-\dfrac{\pi}{4}$　　　　　　　D. $\dfrac{\pi}{2}-1$

E. $2-\dfrac{\pi}{2}$

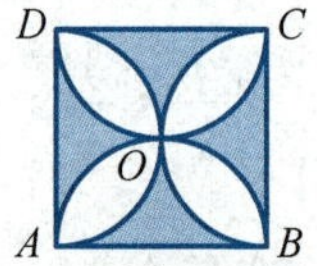

图10.1

9. 已知在数列$\{a_n\}$中,$a_1=2$,且对任意自然数n,a_n与a_{n+1}是关于x的方程$x^2-kx+\left(\dfrac{1}{3}\right)^n=0$的两个实根,则$\{a_n\}$的前15项中所有奇数项和为( ).

A. $3-3^{-6}$　　　　　　　B. $3-3^6$　　　　　　　C. $3-3^{-7}$

D. $3-3^7$　　　　　　　　E. $3-3^{-5}$

10. 不等式$kx^2-2kx+\dfrac{1}{1+k}>0$对一切实数$x$都成立,则实数$k$的取值范围是( ).

A. $k\geqslant 0$　　　　　　　　B. $k\leqslant\dfrac{\sqrt{5}+1}{2}$

C. $\dfrac{-\sqrt{5}-1}{2}<k\leqslant 0$　　D. $0\leqslant k<\dfrac{\sqrt{5}-1}{2}$

E. $k\leqslant\dfrac{-\sqrt{5}-1}{2}$或$k\geqslant\dfrac{\sqrt{5}+1}{2}$

11. 若α^2,1,β^2成等比数列,而$\dfrac{1}{\alpha}$,1,$\dfrac{1}{\beta}$成等差数列,则$\dfrac{\alpha+\beta}{\alpha^2+\beta^2}=$( ).

A. $-\dfrac{1}{2}$或1　　　　　　B. $-\dfrac{1}{3}$或1　　　　　　C. $\dfrac{1}{2}$或1

D. $\dfrac{1}{3}$或1　　　　　　　E. $\dfrac{1}{2}$或$\dfrac{1}{3}$

12. 如图10.2所示,在长方形$ABCD$中,$AB=4$,$BC=2$,以CD为直径的圆与AB相切,则图中阴影部分的面积是( ).

A. 4　　　　　　　　　B. $8-2\pi$

C. π　　　　　　　　　D. 2π

E. 不确定

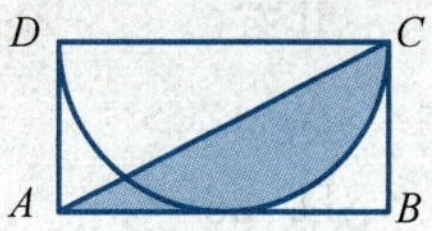

图10.2

13. 若从 1,2,3,…,9 这 9 个整数中同时取 4 个不同的数,其和为偶数,则不同的取法共有( )种.

   A. 60   B. 63   C. 65
   D. 66   E. 67

14. 已知一个样本函数 $f(x)=\begin{cases} \log_2(1-x), & x\leqslant 0, \\ f(x-1)+1, & x>0, \end{cases}$ 则 $f(2014)=(\quad)$.

   A. 2 013   B. 2 014   C. 2 015
   D. 2 012   E. 2 011

15. $\triangle ABC$ 的三边长分别为 a,b,c,且满足 $\dfrac{2a^2}{1+a^2}=b$,$\dfrac{2b^2}{1+b^2}=c$,$\dfrac{2c^2}{1+c^2}=a$,则 $\triangle ABC$ 的面积为( ).

   A. 1   B. $\dfrac{3}{4}$ C. $\dfrac{3\sqrt{3}}{4}$
   D. $\dfrac{\sqrt{3}}{4}$ E. $\dfrac{\sqrt{3}}{2}$

二、条件充分性判断(本大题共 10 小题,每小题 3 分,共 30 分)

解题说明:本大题要求判断所给出的条件能否充分支持题干中陈述的结论.阅读条件(1)和(2)后选择.

   A. 条件(1)充分,但条件(2)不充分.
   B. 条件(2)充分,但条件(1)不充分.
   C. 条件(1)和(2)单独都不充分,但条件(1)和(2)联合起来充分.
   D. 条件(1)充分,条件(2)也充分.
   E. 条件(1)和(2)单独都不充分,条件(1)和(2)联合起来也不充分.

16. $\sqrt{a}+\sqrt{b}>\sqrt{c}+\sqrt{d}$.

   (1) a,b,c,d 均为正数,且 $a+b=c+d$.
   (2) $ab>cd$.

17. $n=175$.

   (1) 正整数 n,若 n 加上 50 为一个完全平方数.
   (2) 正整数 n,若 n 减去 31 为一个完全平方数.

18. 可以确定圆柱体的体积.

   (1) 圆柱体的侧面展开图是边长为 4 与 6 的矩形.
   (2) 圆柱体的侧面面积为 24.

19. $f(x)$ 的最小值为 $4\sqrt{2}$.

   (1) $f(x)=\sqrt{x^2-4x+13}+\sqrt{x^2-12x+37}$.

(2) $f(x)=\sqrt{x^2-4x+13}-\sqrt{x^2-12x+37}$.

20. 若 $x, y, z \in \mathbf{R}$,则 $x+y+z=0$.

    (1) $a^x b^y c^z = a^y b^z c^x = a^z b^x c^y = 1$.

    (2) a, b, c 均大于 1.

21. 3 条抛物线 $y_1 = x^2 - x + m$, $y_2 = x^2 + 2mx + 4$, $y_3 = mx^2 + mx + m - 1$ 中至少有一条与 x 轴相交.

    (1) $m \geqslant 1$.

    (2) $m \leqslant 2$.

22. 已知数列 $\{a_n\}$ 的前 n 项和为 S_n,则 λ 可以确定.

    (1) $\{a_n\}$ 为等比数列,$\{a_n + \lambda\}$ 也为等比数列.

    (2) $S_n = 2a_n - 3n$,$\{a_n + \lambda\}$ 为等比数列.

23. 甲、乙两人各向同一目标射击 2 次,每射中 1 次得 1 分,则甲得分多于乙得分的概率为 0.41.

    (1) 甲的命中率为 0.6.

    (2) 乙的命中率为 0.5.

24. $f(x) = 0$ 有 3 个不同的零点.

    (1) $f(x) = x^3 - x^2 - x - 2$.

    (2) $f(x) = x^3 - 2x^2 - 4x + 3$.

25. $N_1 + N_2$ 的所有正约数之和是 470.

    (1) 男运动员 6 名,女运动员 4 名,其中男、女队长各 1 人,选派 5 人外出比赛,至少有 1 名女运动员的选派方法有 N_1 种.

    (2) 男运动员 6 名,女运动员 4 名,其中男、女队长各 1 人,选派 5 人外出比赛,既要有队长,又要有女运动员的选派方法有 N_2 种.

第十一套卷

一、**问题求解**(本大题共 15 题,每小题 3 分,共 45 分,在每小题的 5 个选项中选择一项)

1. 甲、乙两商店某种商品的进货价格都是 200 元,甲店以高于进货价 20% 的价格出售,乙店以高于进货价 15% 的价格出售,结果乙店的售出件数是甲店的 2 倍.扣除营业税后乙店的利润比甲店多 5 400 元.若设营业税率是营业额的 5%,那么甲、乙两店售出该商品各为( )件.
   A. 450,900 B. 500,1 000 C. 550,1 100
   D. 600,1 200 E. 650,1 300

2. 已知 $t^2-3t-18\leqslant 0$,则 $|t+4|+|t-6|=($).
   A. $2t-2$ B. 10 C. 3
   D. $2t+2$ E. 以上均不正确

3. 某游玩者在河中匀速驾艇顺流而下,于桥 A 下面将水壶遗失被水冲走,继续前行 20 分钟后他发现水壶遗失,于是立即掉头追寻水壶.已知水流速度为 3 千米/小时,该艇在静水中的速度为 9 千米/小时,则该游玩者在桥 A 下游距桥 A( )处追到水壶.
   A. 1 千米 B. 1.5 千米 C. 2 千米
   D. 2.5 千米 E. 3 千米

4. 把浓度为 20%、30% 及 50% 的某溶液混合到一起,得到浓度为 36% 的溶液 50 升.已知浓度为 30% 的溶液用量是浓度为 20% 的溶液用量的 2 倍,则浓度为 30% 的溶液的用量是( )升.
   A. 10 B. 18 C. 20
   D. 30 E. 60

5. 直线 $x+2y-3\sqrt{5}=0$ 被圆 $x^2-4x+y^2+2y=20$ 截得的弦为 AB,则 AB 的长度为( ).
   A. 8 B. 6 C. 4
   D. 2 E. 1

6. 不等式 $\frac{1}{8}(2t-t^2)\leqslant x^2-3x+2\leqslant 3-t^2$ 对于满足 $0\leqslant x\leqslant 2$ 的一切 x 都成立,则 t 的取值范围是( ).
   A. $[1-\sqrt{3},1]$ B. $(-1,1-\sqrt{3})$
   C. $[-1,1-\sqrt{3}]$ D. $(-\infty,0)$
   E. $[-1,0]$

7. 某人驾驶车从 A 地赶往 B 地，前一半路程比原计划多用时 45 分钟，平均速度只有计划的 80%. 若后一半路程的平均速度为 120 千米 / 小时，此人还能按原定时间到达 B 地，则 A，B 两地的距离为( )千米．

   A. 450   B. 480   C. 520
   D. 540   E. 600

8. 将体积为 4π 立方厘米与 32π 立方厘米的两个实心金属球熔化后铸成一个实心大球，则大球的表面积为( )平方厘米．

   A. 32π B. 36π C. 38π
   D. 40π E. 42π

9. 若方程 $x+y-6\sqrt{x+y}+3m=0$ 表示两条不同的直线，则 m 的范围为( )．

   A. $0 \leqslant m < 3$ B. $0 \leqslant m \leqslant 3$
   C. $-1 \leqslant m < 2$ D. $-1 \leqslant m \leqslant 2$
   E. $-1 \leqslant m \leqslant 1$

10. 在 $(1+x)+(1+x)^2+(1+x)^3+\cdots+(1+x)^{10}$ 的展开式中，x^6 的系数为( )．

    A. 150   B. 340   C. 350
    D. 450   E. 以上结果均不正确

11. P 是正方形 $ABCD$ 外一点，$PA=10$，$S_{\triangle PAB}=80$，$S_{\triangle PAD}=90$，则正方形面积为( )．

    A. 560   B. 580   C. 600
    D. 620   E. 640

12. 在数列 $\{a_n\}$ 中，$a_1=2$，$a_{n+1}=a_n+\ln\left(1+\dfrac{1}{n}\right)$，则 $a_n=($)．

    A. $2+\ln n$ B. $2+(n-1)\ln n$ C. $2+n\ln n$
    D. $1+n+\ln n$ E. $2-\ln n$

13. 如图 11.1 所示，在长方形 $ABCD$ 中，$AB=10$，$BC=5$，以 AB，AD 为半径作 $\dfrac{1}{4}$ 圆，则图中阴影部分的面积为( )．

    A. $25-\dfrac{25}{2}\pi$ B. $25+\dfrac{125}{2}\pi$
    C. $50+\dfrac{25}{4}\pi$ D. $\dfrac{125}{4}\pi-50$
    E. 均不正确

图 11.1

14. 若关于 x 的方程 $\left|\dfrac{x^2}{x-1}\right|=a$ 仅有两个不同的实数根，则实数 a 的取值范围是( )．

    A. $a>0$ B. $a \geqslant 4$ C. $2<a<4$
    D. $0<a<4$ E. $0<a \leqslant 4$

15. 已知直线 $y=mx+n$，其倾斜角为 $\dfrac{3}{4}\pi$，且与直线 $5x+3y-31=0$ 相交的交点在第一象限，则 n 的取值范围为（   ）．

   A. $\left(\dfrac{31}{5}, \dfrac{31}{3}\right)$
   B. $\left[\dfrac{31}{5}, \dfrac{31}{3}\right]$
   C. $\left(-\infty, \dfrac{31}{5}\right)$
   D. $\left(\dfrac{31}{3}, +\infty\right)$
   E. $\left(-8, \dfrac{31}{3}\right)$

二、条件充分性判断（本大题共10小题，每小题3分，共30分）

解题说明：本大题要求判断所给出的条件能否充分支持题干中陈述的结论．阅读条件(1)和(2)后选择．

   A. 条件(1)充分，但条件(2)不充分．
   B. 条件(2)充分，但条件(1)不充分．
   C. 条件(1)和(2)单独都不充分，但条件(1)和(2)联合起来充分．
   D. 条件(1)充分，条件(2)也充分．
   E. 条件(1)和(2)单独都不充分，条件(1)和(2)联合起来也不充分．

16. $|1-x|-\sqrt{x^2-8x+16}=2x-5$．
   (1) $2<x$．
   (2) $x<3$．

17. 一条铁路上有 N 个不同的站点，则铁路局需要为这条火车线印刷的车票种数有 110 种．
   (1) $N=10$．
   (2) $N=11$．

18. 某班共30人，其中15人喜爱篮球运动，则喜爱篮球运动但不喜爱乒乓球运动的人数为12．
   (1) 10人喜爱乒乓球运动．
   (2) 8人对这两项运动都不喜爱．

19. $\dfrac{a^2}{x}+\dfrac{b^2}{1-x}$ 的最小值为 $(a+b)^2$．
   (1) $0<x<1$．
   (2) a,b 为正常数．

20. 将数字 $1,2,3,4,5,6$ 从左到右排成一列，记第 i 个数为 a_i $(i=1,2,\cdots,6)$，若 $a_1\neq 1, a_3\neq 3, a_5\neq 5$，则不同的排列方法数为 30．
   (1) $a_1<a_3<a_5$．
   (2) $a_5<a_3<a_1$．

21. $\sqrt{3x+2y-5-m}+|x-y+7|=\sqrt{2x+3y+m}$，则 $m=-6$．

(1) (x, y) 为直线 $x+y=1$ 上的点.

(2) (x, y) 为直线 $x+2y=0$ 上的点.

22. $1 < a+b < \dfrac{4}{3}$.

(1) $a^3 - b^3 = a^2 - b^2$.

(2) a, b 为两个不相等的正数.

23. 若 m 为整数,则可以确定 m 的值.

(1) 关于 x 的一元二次方程 $x^2 - 5x + m = 0$ 的两根均为整数.

(2) 关于 x 的一元二次方程 $mx^2 - (m-1)x + 1 = 0$ 的两根均为有理数.

24. 事件 A 与事件 B 相互独立,事件 A 与事件 B 同时发生的概率为 $\dfrac{1}{6}$.

(1) 事件 A 与 B 至少有一个发生的概率为 $\dfrac{5}{6}$.

(2) 事件 A 与 B 有且仅有一个发生的概率为 $\dfrac{2}{3}$.

25. $a_1^2 + a_2^2 + a_3^2 + \cdots + a_n^2 = \dfrac{1}{3}(4^n - 1)$.

(1) 数列 $\{a_n\}$ 的通项公式为 $a_n = 2^n$.

(2) 在数列 $\{a_n\}$ 中,对任意正整数 n,有 $a_1 + a_2 + a_3 + \cdots + a_n = 2^n - 1$.

第十二套卷

一、问题求解(本大题共15题,每小题3分,共45分,在每小题的5个选项中选择一项)

1. 搬运一辆汽车的货物,甲需12小时、乙需15小时、丙需20小时.有同样的装货汽车 M 及 N,甲搬运 M 汽车的货物,乙同时搬运 N 汽车的货物,丙开始帮助甲搬运,接着又去帮助乙搬运直至结束,最后同时搬完两辆汽车的货物.丙帮助乙搬运了( )小时.
   A. 5
   B. 6
   C. 7
   D. $\dfrac{16}{3}$
   E. $\dfrac{20}{3}$

2. 一个三角形的三条边长分别是 a,b,c(a,b,c 都是质数),且 $a+b+c=16$,则这个三角形是( ).
   A. 直角三角形
   B. 等腰三角形
   C. 等边三角形
   D. 直角三角形或等腰三角形
   E. 等腰直角三角形

3. 一项工作,甲、乙合作要12天完成.若甲先做3天后,再由乙工作8天,共完成这件工作的 $\dfrac{5}{12}$,则甲的工作效率是乙的( )倍.
   A. 1.5
   B. 1.6
   C. 1.8
   D. 2
   E. 2.2

4. 一种商品按进价的 100% 加价后出售,经过一段时间,商家为了尽快减少库存,决定5折销售,这时每件商品( ).
   A. 赚 50%
   B. 赔 50%
   C. 赔 25%
   D. 不赔不赚
   E. 以上结论均不正确

5. 从5名志愿者中选派4人在星期五、星期六、星期日参加公益活动,每人一天,要求星期五有1人参加、星期六有2人参加、星期日有1人参加,则不同的选派方法共有( )种.
   A. 120
   B. 96
   C. 60
   D. 48
   E. 24

6. 设 x_1,x_2 为一元二次方程 $ax^2-129x+c=0$ 的两根,且 a,x_1,x_2 均为质数,则 $x_1^2+x_2^2=$( ).
   A. 1 685
   B. 1 537
   C. 1 325
   D. 1 037
   E. 925

7. 已知一列数 $a_1, a_2, a_3, \cdots, a_n, \cdots$ 中，$a_1=0$，$a_2=2a_1+1$，$a_3=2a_2+1, \cdots, a_{n+1}=2a_n+1, \cdots$，则 $a_{2004}-a_{2003}$ 的个位数字是（　　）．

   A. 2　　　　　　　　　B. 4　　　　　　　　　C. 6

   D. 8　　　　　　　　　E. 1

8. 设 S_n 是等差数列 $\{a_n\}$ 的前 n 项和，若 $\dfrac{S_3}{S_6}=\dfrac{1}{3}$，则 $\dfrac{S_6}{S_{12}}=(\quad)$．

   A. $\dfrac{3}{10}$　　　　　　　　B. $\dfrac{1}{3}$　　　　　　　　C. $\dfrac{1}{8}$

   D. $\dfrac{1}{9}$　　　　　　　　E. $\dfrac{1}{10}$

9. 甲、乙、丙、丁、戊 5 人站成一排照相．要求甲、乙必相邻，丙、丁必不相邻，则共有（　　）种不同的排法．

   A. 12　　　　　　　　B. 18　　　　　　　　C. 24

   D. 32　　　　　　　　E. 48

10. 已知 $A(0,0)$，$B(12,3)$，$C(9,6)$ 为坐标平面上一个三角形的 3 个顶点，则边 BC 的高的直线方程必经过点（　　）．

    A. $\left(\dfrac{1}{2},\dfrac{1}{2}\right)$　　　　　　B. $\left(\dfrac{1}{2},\dfrac{1}{3}\right)$　　　　　　C. $\left(-\dfrac{1}{2},-\dfrac{1}{3}\right)$

    D. $\left(\dfrac{1}{3},\dfrac{1}{2}\right)$　　　　　　E. $\left(-\dfrac{1}{3},-\dfrac{1}{2}\right)$

11. 在边防沙漠地带，巡逻车每天行驶 200 千米，每辆巡逻车可装载供行驶 14 天的汽油．现有 5 辆巡逻车同时从驻地 A 出发，完成任务后再沿原路返回驻地．为了让其中 3 辆尽可能向更远的距离巡逻（然后再一起返回），甲、乙两车行至途中 B 处后，仅留足自己返回驻地所必需的汽油，将多余的汽油留给另外 3 辆使用，问其他 3 辆可行进的最远距离是（　　）千米．

    A. 1 500　　　　　　B. 1 600　　　　　　C. 1 650

    D. 1 700　　　　　　E. 1 800

12. 与圆 $x^2+(y+5)^2=3$ 相切，且纵截距与横截距相等的直线共有（　　）条．

    A. 2　　　　　　　　B. 3　　　　　　　　C. 4

    D. 5　　　　　　　　E. 6

13. 在等差数列 $\{a_n\}$ 中，$a_1=1$，前 n 项和 S_n 满足条件 $\dfrac{S_{2n}}{S_n}=\dfrac{4n+2}{n+1}$，$n=1,2,\cdots$，则数列 $\{a_n\}$ 的通项公式为（　　）．

    A. $2n-1$　　　　　　B. $n+1$　　　　　　C. $n-1$

    D. n　　　　　　　　E. $2n+1$

14. 甲、乙、丙 3 位同学用计算机联网通关游戏，每周周末独立完成，甲通关的概率是 $\dfrac{4}{5}$，乙

通关的概率是 $\dfrac{3}{5}$、丙通关的概率是 $\dfrac{7}{10}$,则 3 人中只有 1 人通关的概率为(　　).

A. $\dfrac{6}{25}$　　　　　　B. $\dfrac{4}{25}$　　　　　　C. $\dfrac{47}{250}$

D. $\dfrac{53}{250}$　　　　　E. $\dfrac{42}{125}$

15. 已知 $a>0$,且 $a\ne 1$,函数 $f(x)=\begin{cases}(a-1)x+3a-4,&x\leqslant 0,\\ a^{x},&x>0,\end{cases}$ 满足对于任意实数 $x_1\ne x_2$,都有 $\dfrac{f(x_2)-f(x_1)}{x_2-x_1}>0$ 成立,则 a 的取值范围是(　　).

A. $(0,1)$　　　　　B. $(1,+\infty)$　　　　C. $\left(1,\dfrac{5}{3}\right]$

D. $\left[\dfrac{5}{3},2\right)$　　　　E. $\left(1,\dfrac{5}{3}\right)$

二、条件充分性判断(本大题共 10 小题,每小题 3 分,共 30 分)

解题说明:本大题要求判断所给出的条件能否充分支持题干中陈述的结论.阅读条件(1)和(2)后选择.

A. 条件(1)充分,但条件(2)不充分.

B. 条件(2)充分,但条件(1)不充分.

C. 条件(1)和(2)单独都不充分,但条件(1)和(2)联合起来充分.

D. 条件(1)充分,条件(2)也充分.

E. 条件(1)和(2)单独都不充分,条件(1)和(2)联合起来也不充分.

16. 仓库运来含水量为 90% 的一种水果 100 千克,一周后再测发现含水量降低了,现在这批水果的总重量是 50 千克.

(1) 含水量变为了 80%.

(2) 含水量降低了 20%.

17. 对于任意实数 m,有 $Q>P$.

(1) $Q=m^2-\dfrac{8}{15}m$,$P=\dfrac{7}{15}m-1$.

(2) $Q=2m^2-\dfrac{2}{3}m$,$P=\dfrac{2}{3}m-1$.

18. 不相等的有理数 a,b,c 在数轴上的对应点分别是 A,B,C,则有 $|a-b|+|b-c|=|a-c|$.

(1) 点 B 在点 A,C 的右边.

(2) 点 A 在点 B,C 的中间.

19. 关于 x 的方程 $2x^2-3x-2k=0$ (k 是实数) 有两个实数根, 有且只有一个根在区间 $(-1,1)$ 之内.

    (1) $-\dfrac{1}{2}<k<2$.

    (2) $-1<k<\dfrac{5}{2}$.

20. $\dfrac{x-1}{y+1}$ 的最大值为 $\dfrac{\sqrt{2}}{4}$.

    (1) 动点 $P(x,y)$ 在 $x^2+(y-1)^2=1$ 上运动.

    (2) 动点 $P(x,y)$ 在 $(x-1)^2+(y-2)^2=1$ 上运动.

21. 现有甲、乙两种不同浓度的溶液可配置成一种预防禽流感的消毒液, 则乙溶液的浓度为 6%.

    (1) 取甲溶液 2 100 克、乙溶液 700 克可配置成浓度为 3% 的消毒液.

    (2) 取甲溶液 600 克、乙溶液 1 800 克可配置成浓度为 5% 的消毒液.

22. 直线 $(2k-1)x-(k+3)y-(k-11)=0$ 与圆 $x^2-4x+y^2-6y+9=0$ 构成的弦长为 4.

    (1) $k=2$.

    (2) $k=\sqrt{2}$.

23. 甲、乙两人练习 100 米赛跑, 甲每秒跑 7 米, 乙每秒跑 6.5 米, 如果甲让乙先跑 1 秒, 那么甲经过 p 秒可以追上乙.

    (1) $p=14$.

    (2) $p=15$.

24. 甲、乙两人进行乒乓球比赛, 在每一局比赛中, 甲获胜的概率为 $p(p>0)$, 如果甲、乙共比赛 4 局, 则甲恰好负 2 局的概率不大于恰好胜 3 局的概率.

    (1) $0.4\leqslant p\leqslant 0.8$.

    (2) $0.6\leqslant p\leqslant 0.9$.

25. 甲、乙独立破译密码, 已知密码破译成功的概率为 $\dfrac{8}{9}$, 则甲破译成功的概率为 $\dfrac{5}{6}$.

    (1) 甲破译成功而乙没有破译成功的概率为 $\dfrac{5}{9}$.

    (2) 甲没有破译成功而乙破译成功的概率为 $\dfrac{4}{9}$.

第十三套卷

一、问题求解(本大题共15题,每小题3分,共45分,在每小题的5个选项中选择一项)

1. 一艘小船在江上顺水开100千米需要4小时,在同样的水速下,逆水开90千米需要6小时,那么这艘小船在静水上开120千米需要(　　)小时.
   A. 4　　　　　　　　B. 4.5　　　　　　　　C. 5
   D. 6　　　　　　　　E. 7

2. 若$\sqrt{(a-60)^2}+|b+90|+(c-130)^{10}=0$,则$a+b+c$的值是(　　).
   A. 0　　　　　　　　B. 280　　　　　　　　C. 100
   D. -100　　　　　　E. 无法确定

3. 园林工人要在周长300米的圆形花坛边等距离栽树.他们先沿着花坛的边每隔3米挖一个坑,当挖完30个坑时,突然接到通知:改为每隔5米栽一棵树.这样,他们还要挖(　　)个坑才能完成任务.
   A. 43　　　　　　　　B. 53　　　　　　　　C. 54
   D. 55　　　　　　　　E. 60

4. 现有一个半径为R的球体,拟用刨床将其加工成正方体,则能加工成的最大正方体的体积是(　　).
   A. $\frac{8}{3}R^3$　　　　　　B. $\frac{8\sqrt{3}}{9}R^3$　　　　　　C. $\frac{4}{3}R^3$
   D. $\frac{1}{3}R^3$　　　　　　E. $\frac{\sqrt{3}}{9}R^3$

5. 已知甲走5步的时间,乙只能走4步,但是甲走5步的距离,乙走3步就行了,让甲先走20步,乙再追他,乙要追上甲需要走(　　)步.
   A. 24　　　　　　　　B. 36　　　　　　　　C. 42
   D. 48　　　　　　　　E. 60

6. 某城市修建的一条道路上有14只路灯,为了省用电而又不影响正常的照明,可以熄灭其中3只灯,但不能熄灭两端的灯,也不能熄灭相邻的2只灯,那么熄灯的方法共有(　　)种.
   A. C_{10}^3　　　　　　　B. P_{10}^3　　　　　　　C. C_{11}^3
   D. P_{11}^3　　　　　　　E. C_{12}^3

7. 把8位乒乓球选手分成两组,每组4人,则甲、乙两位选手在同一组的概率为(　　).

A. $\dfrac{1}{7}$ B. $\dfrac{2}{7}$ C. $\dfrac{3}{7}$

D. $\dfrac{4}{7}$ E. $\dfrac{5}{7}$

8. 若等差数列 $\{a_n\}$ 满足 $5a_7 - a_3 = 12$,则 $S_{15} = ($ $)$.

   A. 15   B. 24   C. 30

   D. 45   E. 60

9. 如图 13.1 所示,在 Rt△ABC 内有一系列顶点在三角形边上的正方形,其面积分别为 $S_1, S_2, \cdots, S_n$,已知 $\dfrac{BC}{AC} = \dfrac{1}{2}$,则这些正方形面积之和与 Rt△ABC 的面积比为(   ).

A. $\dfrac{4}{5}$ B. $\dfrac{3}{4}$

C. $\dfrac{2}{3}$ D. $\dfrac{5}{6}$

E. $\dfrac{5}{7}$

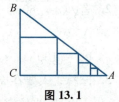

图 13.1

10. 如图 13.2 所示,AB 是圆 O 的直径,CD 是弦,若 $AB = 10$,$CD = 6$,那么 A,B 两点到直线 CD 的距离之和为(   ).

    A. 6   B. 7

    C. 8   D. 9

    E. 10

图 13.2

11. 某学校 134 名学生到公园租船,租大船要 60 元,可以坐 6 人,租小船要 45 元,可以坐 4 人. 要使所有学生都坐上船,租金最少是(   )元.

    A. 1 320   B. 1 330   C. 1 350

    D. 1 365   E. 1 380

12. 若三次方程 $ax^3 + bx^2 + cx + d = 0$ 的 3 个不同实根 x_1, x_2, x_3 满足 $x_1 + x_2 + x_3 = 0$,$x_1 x_2 x_3 = 0$,则下列关系式中一定成立的是(   ).

    A. $ac = 0$ B. $ac < 0$ C. $ac > 0$

    D. $a + c < 0$ E. $a + c > 0$

13. 将 25 克白糖放入空杯中,倒入 100 克白开水,充分搅拌后,小明先喝去一半糖水,又加入 36 克白开水. 若使杯中的糖水与原来的一样甜,须加入(   )克白糖.

    A. 8   B. 9   C. 10

    D. 11   E. 12

14. 用 1,2,3 这 3 个数字组成四位数,规定这 3 个数字必须都使用,但相同的数字不能相邻,以这样的方式组成的四位数共有(   )个.

A. 9 B. 12 C. 18
D. 24 E. 36

15. 过点(1,2)总可作两条直线与圆 $x^2+y^2+kx+2y+k^2-15=0$ 相切,则实数 k 的取值范围是(   ).

   A. $k>2$ B. $-3<k<2$ C. $k<-3$
   D. $k>2$ 或 $k<-3$ E. 无法确定

二、条件充分性判断(本大题共10小题,每小题3分,共30分)

解题说明:本大题要求判断所给出的条件能否充分支持题干中陈述的结论.阅读条件(1)和(2)后选择.

   A. 条件(1)充分,但条件(2)不充分.
   B. 条件(2)充分,但条件(1)不充分.
   C. 条件(1)和(2)单独都不充分,但条件(1)和(2)联合起来充分.
   D. 条件(1)充分,条件(2)也充分.
   E. 条件(1)和(2)单独都不充分,条件(1)和(2)联合起来也不充分.

16. 整个队列人数是57人.

   (1) 甲、乙两人排队买票,甲后面有20人,乙前面有30人.
   (2) 甲、乙两人排队买票,甲、乙之间有5人.

17. $M=2$.

   (1) $M=\dfrac{x+y}{z}=\dfrac{y+z}{x}=\dfrac{x+z}{y}$.

   (2) x,y,z 为正实数,且满足 $M=\dfrac{x+y}{z}=\dfrac{y+z}{x}=\dfrac{x+z}{y}$.

18. $|x+1|-|2x-3|<0$.

   (1) $x<0$.
   (2) $x>3$.

19. 不同的分配方案共有36种.

   (1) 4名教师分配到3所中学任教,每所中学至少1名教师.
   (2) 3名教师分配到4所中学任教,每所中学至多1名教师,且教师都必须分配出去.

20. 小明参加数学竞赛,共15道题,能确定小明做对9道题目.

   (1) 每做对一题得8分,每做错一题扣5分.
   (2) 小明15道题全做了,共得55分.

21. $p=\dfrac{15}{16}$.

   (1) 3位男生、3位女生排成一排,恰好3位女生排在相邻位置的概率为 p.
   (2) 5封信随机投入甲、乙两个空信箱,每个信箱都有信的概率为 p.

22. A,B 两人在圆形跑道上同时同地同向出发,匀速跑步,A 比 B 快,则可以确定 A 的速度是 B 的速度的 1.5 倍.

    (1) A 第一次追上 B 时,B 跑了 2 圈.

    (2) A 第一次追上 B 时,A 立即转身背道而驰,两人再次相遇时,B 又跑了 $\dfrac{2}{5}$ 圈.

23. $\dfrac{y+1}{x+2}$ 的最大值为 $\dfrac{4}{3}$.

    (1) 动点 $P(x,y)$ 在圆 O 上运动.

    (2) 圆 O 的方程为 $x^2+y^2=1$.

24. $\triangle ABC$ 是等边三角形.

    (1) $\triangle ABC$ 的三边满足 $a^2+b^2+c^2=ab+bc+ac$.

    (2) $\triangle ABC$ 的三边满足 $a=b$ 且 $a^2-6a+|c-4|=2a-16$.

25. 方程 $2ax^2-2x-3a+5=0$ 的一个根大于 1,另一个根小于 1.

    (1) $a>3$.

    (2) $a<0$.

第十四套卷

一、**问题求解**(本大题共15题,每小题3分,共45分,在每小题的5个选项中选择一项)

1. 已知两个自然数的差为48,它们的最小公倍数为60,则这两个数的最大公约数为( ).
   A. 10 B. 12 C. 15
   D. 20 E. 30

2. 自来水厂规定,居民用水量月不超过5吨的,按2.1元/吨收取,超过5吨且不足15吨的部分按2.8元/吨收取,超过15吨的部分按3.5元/吨收取.某家本月交水费73.5元,则本月用水( )吨.
   A. 23 B. 24 C. 25
   D. 26 E. 27

3. 已知 $x^2-1=3x$,则多项式 $3x^3-11x^2+3x+2$ 的值为( ).
   A. 1 B. 2 C. -1
   D. 0 E. ± 1

4. 甲、乙两地相距96千米,A,B 两辆车同时从甲地出发匀速驶往乙地.开车1小时后,A 车在 B 车前方12千米处,而且 A 车比 B 车早40分钟到达乙地,A 车的速度是( )千米/小时.
   A. 12 B. 24 C. 48
   D. 36 E. 60

5. 若三角形三边 a,b,c 均为整数,且 $a+b+c=10$,则三角形面积的最大值为( ).
   A. $2\sqrt{2}$ B. $2\sqrt{5}$ C. $2\sqrt{3}$
   D. $4\sqrt{5}$ E. $4\sqrt{3}$

6. 某次考试有一道多项选择题,共有 A,B,C 3个选项.参加考试的人中,共有20人选了A,15人选了B,10人选了C.其中,选了两个选项的有5人,选了3个选项的有3人,还有2人未答此题.则有( )人参加考试.
   A. 34 B. 30 C. 36
   D. 38 E. 40

7. 已知 $\{a_n\}$ 为等差数列,$a_1+a_3+a_5=105$,$a_2+a_4+a_6=99$,以 S_n 表示 $\{a_n\}$ 的前 n 项和,则使得 S_n 达到最大值的 n 是( ).
   A. 21 B. 20 C. 19
   D. 18 E. 17

8. 如图 14.1 所示,在长方形 ABCD 中,AB=30 厘米,BC=40 厘米,P 为 BC 上一点,PQ 垂直于 AC,PR 垂直于 BD.则 PQ 与 PR 的长度之和为(　　)厘米.

   A. 20　　　　　　B. 24
   C. 28　　　　　　D. 18
   E. 30

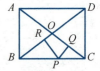

图 14.1

9. 已知方程 $x^2+mx+13=0$ 的两根为正整数,若 $y^2-5y+m=0$ 的两根为 y_1,y_2,则 $\dfrac{1}{y_1}+\dfrac{1}{y_2}$ 的值为(　　).

   A. $\dfrac{5}{14}$　　　　B. $-\dfrac{5}{13}$　　　　C. $-\dfrac{5}{14}$

   D. $\dfrac{14}{5}$　　　　E. $-\dfrac{14}{5}$

10. 将半径为 2 的等边圆柱形的木头,用刨床加工成长方体的木块,则木块的体积最大为(　　).

    A. 32　　　　　　B. 30　　　　　　C. 28
    D. 26　　　　　　E. 24

11. 如图 14.2 所示,大圆的半径是 8,则阴影部分的面积是(　　).

    A. 120　　　　　　B. 128
    C. $32\pi+64$　　D. 144
    E. 169

图 14.2

12. 过点 $P(2,1)$ 且被圆 $C:x^2+y^2-2x+4y=0$ 截得弦最长的直线 l 与两坐标轴围成的面积为(　　).

    A. $\dfrac{25}{6}$　　　　B. $\dfrac{25}{8}$　　　　C. $\dfrac{35}{6}$

    D. $\dfrac{25}{4}$　　　　E. $\dfrac{25}{9}$

13. 在平面直角坐标系中,直线 $2x+y-2=0$ 关于直线 $x+y+4=0$ 对称的直线方程为(　　).

    A. $x+2y+14=0$　　　　B. $x+2y-14=0$
    C. $2x+y+14=0$　　　　D. $2x+y-14=0$
    E. $x-2y+14=0$

14. 甲、乙两个人轮流射击,先命中者为胜,最多各打 5 发.已知他们的命中率分别为 0.3 及 0.4,甲先射,则甲获胜的概率是(　　).

    A. 0.41　　　　　　B. 0.51　　　　　　C. 0.62
    D. 0.47　　　　　　E. 0.49

15. 将一枚骰子连续掷 3 次,第 3 次的点数等于前 2 次乘积的概率为( ).

　　A. $\dfrac{11}{108}$　　　　　B. $\dfrac{5}{108}$　　　　　C. $\dfrac{1}{36}$

　　D. $\dfrac{17}{216}$　　　　　E. $\dfrac{7}{108}$

二、条件充分性判断(本大题共 10 小题,每小题 3 分,共 30 分)

解题说明:本大题要求判断所给出的条件能否充分支持题干中陈述的结论.阅读条件(1)和(2)后选择.

　　A. 条件(1)充分,但条件(2)不充分.
　　B. 条件(2)充分,但条件(1)不充分.
　　C. 条件(1)和(2)单独都不充分,但条件(1)和(2)联合起来充分.
　　D. 条件(1)充分,条件(2)也充分.
　　E. 条件(1)和(2)单独都不充分,条件(1)和(2)联合起来也不充分.

16. 实数 x 有 4 个互不相等的值.

　　(1) $|x+2|=\sqrt{x}$.

　　(2) $||x|-1|=1$.

17. 实数 a,b,c 既成等差数列又成等比数列.

　　(1) $a^2-bc+b^2-ac+c^2-ab=0$.

　　(2) $\dfrac{1}{a}=\dfrac{1}{b}=\dfrac{1}{c}$.

18. N_2 能整除 N_1.

　　(1) 有 12 名运动员,分配到大、中、小 3 个房间(房间有相应的床位和日用设施),分别住 5 人、4 人、3 人,不同的分配方案有 N_1 种.

　　(2) A,B,C,D,E 五人站成一排,B 必须站在 A 的右边,不同的排法有 N_2 种.

19. 若 a,b 均为正实数,则方程 $|x+\lg a|+|x-\lg b|=1$ 无实数解.

　　(1) $ab>1$.

　　(2) $a>2, b>6$.

20. 不等式 $x^2+ax-a>0$ 恒成立.

　　(1) $|a|<1$.

　　(2) $a<0$.

21. 已知等差数列 $\{a_n\}$ 的前 n 项和为 S_n,则 $S_9=36$.

　　(1) $S_3=5, S_6=17$.

　　(2) $S_3=4, S_6=16$.

22. $p=25\%$.

　　(1) 新华书店计划第一季度共发行图书 122 万册,其中一月份发行图书 32 万册,二、三月份平均每月增长率为 p.

(2) 某乡今年人均上缴农业税 25 元,两年后人均上缴农业税为 16 元,这两年平均每年下降率为 p.

23. 圆 $(x+2)^2+(y-3)^2=9$ 与 $(x+1)^2+(y-2)^2=r^2$ 相切.

(1) $r=3\pm\sqrt{2}$.

(2) $r=3\pm\sqrt{3}$.

24. 两直线 $l_1:(m-1)x+y+2=0$，$l_2:(m^2+3m-4)x+(2m+5)y+m=0$ 互相平行.

(1) $m=1$.

(2) $m=-1$.

25. 甲、乙两人各进行 3 次射击,甲恰好比乙多击中目标 2 次的概率为 $\dfrac{1}{24}$.

(1) 甲每次击中目标的概率为 $\dfrac{1}{2}$.

(2) 乙每次击中目标的概率为 $\dfrac{2}{3}$.

第十五套卷

一、**问题求解**(本大题共 15 题,每小题 3 分,共 45 分,在每小题的 5 个选项中选择一项)

1. 甲、乙、丙 3 人合买一份礼物,他们商定按年龄比例分担费用.若甲的年龄是乙的一半,丙的年龄为甲的三分之一,而甲、乙共花费了 225 元,则这份礼物的售价为( )元.
   A. 250 B. 265 C. 270
   D. 275 E. 280

2. $\{a_n\}$ 为等差数列,共有 $2n+1$ 项,且 $a_{n+1} \neq 0$,则其奇数项和与偶数项和之比为( ).
   A. $\dfrac{n+2}{n}$ B. $\dfrac{n+1}{n}$ C. 1
   D. n E. $n+1$

3. 已知 $x \in [-3, 2]$,则 $f(x) = \dfrac{1}{4^x} - \dfrac{1}{2^x} + 1$ 的最大值与最小值之差为( ).
   A. $56\dfrac{1}{2}$ B. $56\dfrac{1}{4}$ C. $55\dfrac{1}{4}$
   D. $55\dfrac{3}{4}$ E. $53\dfrac{1}{2}$

4. 某校周年庆,原定的 5 个学生节目已排成节目单,活动开始前又增加了 2 个教师节目,如果将这 2 个教师节目插入原节目单中,则不同插法的种数为( ).
   A. 12 B. 20 C. 30
   D. 36 E. 42

5. 如图 15.1 所示,正方形 $ABCD$ 的边长为 1,延长 AB 到 E,延长 BC 到 F,使得 $BE = CF = 1$,DE 分别与 BC,AF 交于 H,G.则四边形 $ABHG$ 的面积为( ).
   A. $\dfrac{1}{2}$ B. $\dfrac{9}{20}$
   C. $\dfrac{11}{20}$ D. $\dfrac{10}{21}$
   E. $\dfrac{11}{21}$

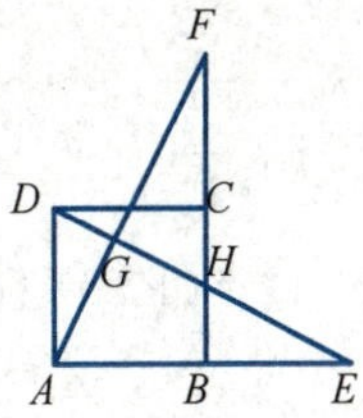

   图 15.1

6. 已知不等式 $ax^2 + 4ax + 3 \geqslant 0$ 的解集为 $\mathbf{R}$,则 a 的取值范围是( ).
   A. $\left[-\dfrac{3}{4}, \dfrac{3}{4}\right]$ B. $\left[0, \dfrac{3}{4}\right]$ C. $\left(0, \dfrac{3}{4}\right]$

D. $\left[0, \dfrac{3}{4}\right)$ E. $\left(0, \dfrac{3}{4}\right)$

7. 直线 $l_1: x-y-2=0$ 关于直线 $l_2: 3x-y+3=0$ 对称的直线 l_3 的方程为( ).

   A. $7x-y+22=0$ B. $x+7y+22=0$
   C. $x-7y-22=0$ D. $7x+y+22=0$
   E. $7x+y-22=0$

8. 4 对夫妻排成前后两排,每排 4 人,要求前后必须一男一女,则夫妻不站在同一列的排法有( )种.

   A. 3 520 B. 3 542 C. 3 456
   D. 3 526 E. 3 576

9. 设 $a=\dfrac{\sqrt{5}-1}{2}$,则 $\dfrac{a^5+a^4-2a^3-a^2-a+2}{a^3-a}=$( ).

   A. 0 B. 1 C. -1
   D. 2 E. -2

10. 如图 15.2 所示,圆 A、圆 B、圆 C 的半径均为 5,则阴影部分的面积为( ).

    A. $\dfrac{25\pi}{2}$ B. $\dfrac{23\pi}{2}$
    C. 12π D. 13π
    E. 11π

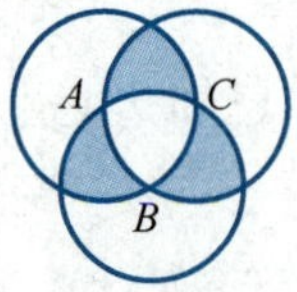

图 15.2

11. 不等式 $x^2-x-5>|2x-1|$ 的解集中包含的 10 以内的质数有( )个.

    A. 0 B. 1 C. 2
    D. 3 E. 4

12. 一个盒子里有编号为 $1,2,\cdots,12$ 的 12 个大小相同的球,其中 1 到 6 号球是红球,其余的是黑球.若从中任取 2 球,则取到的都是红球,且至少有 1 个球的号码是偶数的概率是( ).

    A. $\dfrac{1}{22}$ B. $\dfrac{1}{11}$ C. $\dfrac{3}{22}$
    D. $\dfrac{2}{11}$ E. $\dfrac{3}{11}$

13. 过点 $(1,0)$ 且与 $x-2y-2=0$ 平行的直线与两个坐标轴围成的面积为( ).

    A. $\dfrac{1}{4}$ B. $\dfrac{1}{2}$ C. $\dfrac{1}{8}$
    D. 1 E. 2

14. 甲、乙两位长跑爱好者沿着社区花园环路慢跑.如两人同时、同向从同一点 A 出发,且甲跑 9 米的时间乙只能跑 7 米,则当甲恰好第二次在 A 点追及乙时,甲共沿花园环路跑了( )圈.
A. 14 B. 15 C. 16
D. 17 E. 18

15. 某商品价格今年1月份降低10%,此后由于市场供求关系的影响,价格连续3次上涨,使商品目前售价与1月份降低前的价格相同,则这3次价格的平均增长率是( ).

A. $\sqrt[4]{\frac{10}{9}}-1$ B. $\sqrt[3]{\frac{10}{9}}-1$ C. $\sqrt[3]{\frac{10}{3}}-1$

D. $\sqrt{\frac{10}{9}}-1$ E. $3\frac{1}{3}\%$

二、条件充分性判断(本大题共10小题,每小题3分,共30分)

解题说明:本大题要求判断所给出的条件能否充分支持题干中陈述的结论.阅读条件(1)和(2)后选择.

A. 条件(1)充分,但条件(2)不充分.
B. 条件(2)充分,但条件(1)不充分.
C. 条件(1)和(2)单独都不充分,但条件(1)和(2)联合起来充分.
D. 条件(1)充分,条件(2)也充分.
E. 条件(1)和(2)单独都不充分,条件(1)和(2)联合起来也不充分.

16. 对于数列$\{a_n\}(n=1,2,3,\cdots)$,$S_{100}=a_1+a_2+\cdots+a_{100}$的值能确定.
(1) $a_1+a_2+a_{99}+a_{100}=10$.
(2) $a_1+a_2+a_{97}+a_{98}=12$.

17. 设有4个元件,每个元件正常工作的概率是$\frac{2}{3}$,且各元件是否正常工作是独立的,则系统正常工作的概率小于$\frac{1}{2}$.

(1) 系统装配方式为  .

(2) 系统装配方式为 ▭—▭—▭—▭ .

18. 一个棱长为4的正方体木块切割出棱长为1的正方体后,表面积不发生变化.
(1) 在它的一个角上切去一个小正方体.
(2) 在它的一个面中心切去一个小正方体.

19. 圆$(x-a)^2+(y-b)^2=r^2$与两坐标轴都相切.
(1) $a=b$.
(2) $a=r$.

20. $|x-2|+|1+x|=3$.

    (1) $0 < x < \dfrac{\pi}{2}$.

    (2) $-1 < x < 1$.

21. 方程 $x^2+px+1=0$ 的两实根为 x_1, x_2,则 $|x_1-x_2|=\Delta$ (Δ 为判别式).

    (1) $p=\sqrt{5}$.

    (2) $p=\pm 2$.

22. 青蛙从井底向上跳,井深 6 米,青蛙每次跳上 2 米,又滑下 1 米,则青蛙需 n 次可以跳出.

    (1) $n=4$.

    (2) $n=5$.

23. 某社团成员中,有 40 人爱好戏剧、38 人爱好体育、35 人爱好写作、30 人爱好收藏,则这个社团中 4 项活动都喜欢的至少有 5 人.

    (1) 该社团共有 46 人.

    (2) 该社团共有 64 人.

24. 把甲杯子的食盐水与乙杯子的食盐水混合制成含盐 6% 的食盐水 600 克,则所需的乙盐水比甲盐水少 200 克.

    (1) 甲杯子的食盐水浓度为 5%,乙杯子的食盐水浓度为 8%.

    (2) 甲杯子的食盐水浓度为 4%,乙杯子的食盐水浓度为 10%.

25. 若 1 只兔子可换 2 只鸡,2 只兔子可换 3 只鸭,5 只兔子可换 7 只鹅,则鸡与鸭的总数比鹅多 2 只.

    (1) 某人用 20 只兔子换得鸡、鸭、鹅共 30 只.

    (2) 某人用 20 只兔子换鸡、鸭、鹅,且鸭与鹅至少 8 只.

第十六套卷

一、问题求解(本大题共15题,每小题3分,共45分,在每小题的5个选项中选择一项)

1. 如图 16.1 所示,

$$
\begin{array}{c}
1 \\
2 \quad 2 \\
3 \quad 4 \quad 3 \\
4 \quad 7 \quad 7 \quad 4 \\
5 \quad 11 \quad 14 \quad 11 \quad 5 \\
\cdots \quad \cdots \quad \cdots \quad \cdots \quad \cdots \quad \cdots
\end{array}
$$

图 16.1

三角形数阵第 n 行($n \geqslant 2$)的第 2 个数是( ).

A. $n^2 - n + 2$ B. $n+1$ C. $\dfrac{n^2+n+2}{2}$

D. $\dfrac{n^2-n+2}{2}$ E. n^2+n+2

2. 修建一座桥,甲队单独做需 10 天,乙队单独做需 12 天,丙队单独做需 15 天.现有同样两座桥 A 与 B,甲队修 A 桥,乙队修 B 桥,两队同时开始修,丙队一开始帮甲队修,中途又转向帮乙队修,最后同时修建完两座桥.丙队帮助甲队、乙队各修的时间为( )天.

A. 4,2   B. 5,8   C. 2,4

D. 5,3   E. 3,5

3. 设 $\{a_n\}$ 是首项为 a_1、公差为 -1 的等差数列,S_n 为其前 n 项和.若 S_1, S_2, S_4 成等比数列,则 a_1 的值为( ).

A. $\dfrac{3}{2}$ B. $\dfrac{1}{2}$ C. 0

D. -1 E. $-\dfrac{1}{2}$

4. 有若干个突击队参加会战,已知每个突击队人数相同,而且每个队的女队员的人数是该队的男队员的 $\dfrac{7}{18}$.以后上级从第一突击队调走了该队的一半队员,而且全是男队员,于是工地上的全体女队员的人数是剩下的全体男队员的 $\dfrac{8}{17}$,则开始时队伍的总数是( ).
A. 3　　　　　　　　B. 4　　　　　　　　C. 5
D. 6　　　　　　　　E. 8

5. 已知宗师体重110斤,含水量73％.打完一场羽毛球比赛后(比赛过程中宗师没有吃过任何东西),含水量变成72.5％,则比赛后宗师的体重为( )斤.
   A. 110　　　　　　　B. 109　　　　　　　C. 108.5
   D. 108　　　　　　　E. 107.5

6. 小明早上7:00从家步行去学校,若小明每分钟走70米,将在上课前5分钟到校,若每分钟走50米,则会迟到5分钟,则小明学校的上课时间为( ).
   A. 7:20　　　　　　　B. 7:25　　　　　　　C. 7:30
   D. 7:35　　　　　　　E. 7:40

7. 若对任意 $x \in \mathbf{R}$, $|x| \geqslant ax$ 恒成立,则实数 a 的取值范围是( ).
   A. $a < -1$　　　　　B. $|a| \leqslant 1$　　　　C. $|a| < 1$
   D. $a \geqslant 1$　　　　　E. $a < 1$

8. 某年级先后举行数、理、化三科竞赛,学生中参加数学的有203人,参加物理的有179人,参加化学的有165人.只参加一科的有140人,三科都参加的有89人,则参加竞赛的总人数为( ).
   A. 239　　　　　　　B. 269　　　　　　　C. 299
   D. 329　　　　　　　E. 359

9. 能切割为球的圆柱,切割下来部分的体积占球的体积至少为( ).
   A. $\dfrac{3}{4}$　　　　　　　B. $\dfrac{2}{3}$　　　　　　　C. $\dfrac{1}{3}$
   D. $\dfrac{1}{2}$　　　　　　　E. $\dfrac{1}{4}$

10. 把一个二次函数的图像向左平移2个单位,向上平移1个单位得到 $y = \dfrac{1}{2}x^2$ 的图像,则原函数的表达式为( ).
    A. $y = \dfrac{1}{2}(x-2)^2 - 1$　　　B. $y = \dfrac{1}{2}(x-2)^2 - 3$
    C. $y = \dfrac{1}{2}(x-1)^2 - 1$　　　D. $y = \dfrac{1}{2}(x-1)^2 - 3$
    E. $y = \dfrac{1}{2}(x+2)^2 - 1$

11. 将4个不同的球放入3个不同盒中,对于每个盒来说,所放的球数 k 满足 $0 \leqslant k \leqslant 4$.在各种放法可能性相等的条件下,则第1个盒有1个球,第2个盒恰有2个球的概率为( ).

A. $\dfrac{4}{27}$ B. $\dfrac{2}{27}$ C. $\dfrac{14}{81}$

D. $\dfrac{16}{81}$ E. $\dfrac{32}{81}$

12. 如图 16.2 所示,线段 AB 与 BC 垂直,已知 $AD=EC=4$,$DB=BE=6$,则阴影部分的面积为(　　).

    A. 10 B. 15
    C. 16 D. 18
    E. 24

图 16.2

13. 若实数 x,y,z 满足 $x+\dfrac{1}{y}=4$,$y+\dfrac{1}{z}=1$,$z+\dfrac{1}{x}=\dfrac{7}{3}$,则 xyz 的值为(　　).

    A. 0 B. -2 C. 2
    D. -1 E. 1

14. 若 $x^3+mx^2-10x+n$ 除以 $x+1$ 余 16,除以 $x+3$ 余 18,则(　　).

    A. $m=2,n=4$ B. $m=-2,n=6$
    C. $m=1,n=4$ D. $m=1,n=6$
    E. $m=-2,n=4$

15. 甲组有 5 名男同学、3 名女同学;乙组有 6 名男同学、2 名女同学.若从甲、乙两组中各选出 2 名同学,则选出的 4 人中恰有 1 名女同学的不同选法共有(　　)种.

    A. 150 B. 180 C. 345
    D. 300 E. 275

二、条件充分性判断(本大题共 10 小题,每小题 3 分,共 30 分)

解题说明:本大题要求判断所给出的条件能否充分支持题干中陈述的结论.阅读条件(1)和(2)后选择.

A. 条件(1)充分,但条件(2)不充分.

B. 条件(2)充分,但条件(1)不充分.

C. 条件(1)和(2)单独都不充分,但条件(1)和(2)联合起来充分.

D. 条件(1)充分,条件(2)也充分.

E. 条件(1)和(2)单独都不充分,条件(1)和(2)联合起来也不充分.

16. 设 $\triangle ABC$ 的三边长为 a,b,c,则可判定 $\triangle ABC$ 为直角三角形.

    (1) $a(1+x^2)+2bx-c(1-x^2)=0$ 有两个相等实根.

    (2) $ax^2+bx+c=0$ 的一个根是另一个根的 2 倍.

17. 设 $a,b\in\mathbf{R}$,$a|a|>b|b|$.

    (1) $0>a>b$.

    (2) $a>b>0$.

18. 一个袋子中有4种不同颜色的球,其中红球7个、蓝球9个、黄球8个、白球7个,某人闭上眼睛从中取出 k 个球,可保证4种颜色的球都有.

   (1) $k=25$.

   (2) $k=26$.

19. 若干辆汽车通过某一段公路的时速的频率分布直方图如图 16.3 所示,则时速在 $[60,75)$ 的汽车有 100 辆.

   (1) 时速在 $[45,55)$ 的汽车有 50 辆.

   (2) 时速在 $[45,55)$ 的汽车有 40 辆.

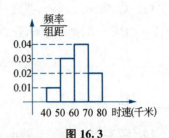

图 16.3

20. 函数 $f(x)=ax^2+bx+c$ 满足 $f(2)<f(5)$.

   (1) $a>0$ 且 $f(1+x)=f(1-x)$.

   (2) $ax^2+bx+c>0$ 的解为 $x<-2$ 或 $x>4$.

21. 在长方体的体对角线与面对角线中任取两条,这两条恰好是面对角线的概率为 p.

   (1) $p=\dfrac{10}{21}$.

   (2) $p=\dfrac{11}{20}$.

22. 若 $\{a_n\}$ 为正项等比数列,则 $\lg a_1+\lg a_2+\cdots+\lg a_{20}=30$.

   (1) $a_9 \cdot a_{12}=10^3$.

   (2) $a_7^2 \cdot a_{14}^2=10^6$.

23. 不等式 $ax-b>0$ 的解集是 $x<\dfrac{6}{5}$.

   (1) 不等式 $(2a-b)x+3a-4b<0$ 的解集是 $x>\dfrac{9}{4}$.

   (2) 不等式 $(2a-b)x+3a-4b<0$ 的解集是 $x<\dfrac{9}{4}$.

24. $m \cdot n = -3$.

   (1) 直线 $l_1: mx+ny-2=0$ 与直线 $l_2: 3x+y+1=0$ 相互垂直.

   (2) 当 a 为任意实数时,直线 $(a-1)x+(a+2)y+5-2a=0$ 恒过定点 (m,n).

25. 关于 x 的一元二次方程 $x^2+4x+m-1=0$,则 $|m|=m$.

   (1) α,β 为方程的两个实数根,$\alpha^2+\beta^2+\alpha\beta=1$.

   (2) α,β 为方程的两个实数根,$|\alpha-\beta|=2\sqrt{2}$.

第十七套卷

一、问题求解(本大题共 15 题,每小题 3 分,共 45 分,在每小题的 5 个选项中选择一项)

1. 甲、乙、丙 3 人做一件工作,原计划按甲、乙、丙的顺序每人一天轮流去做,恰好整数天完成,并且结束工作的是乙;若按乙、丙、甲的顺序每人一天轮流去做,则比原计划多用 2 天;若按丙、甲、乙的顺序每人一天轮流去做,则比原计划多用 3 天.已知甲单独做需要 9 天,则甲、乙、丙 3 人一起做这项工作需要(　　)天完成.
   A. 2　　　　　　　　B. 3　　　　　　　　C. 4
   D. 5　　　　　　　　E. 6

2. 某中学某班有学生 50 人,参加数学小组的有 15 人,参加物理小组的有 32 人,则既参加数学小组,又参加物理小组的人数的最大值与最小值之差为(　　).
   A. 10　　　　　　　 B. 12　　　　　　　 C. 15
   D. 18　　　　　　　 E. 20

3. 已知 3 个关于 x 的一元二次方程 $ax^2+bx+c=0$,$bx^2+cx+a=0$,$cx^2+ax+b=0$ 恰有一个公共实数根,则 $\dfrac{a^2}{bc}+\dfrac{b^2}{ca}+\dfrac{c^2}{ab}$ 的值为(　　).
   A. 4　　　　　　　　B. 3　　　　　　　　C. 2
   D. 1　　　　　　　　E. 0

4. 如图 17.1 所示,边长为 3 与 5 的正方形并排放在一起,在大正方形中画一段以它的一个顶点为圆心、边长为半径的圆弧,则阴影部分的面积为(　　).
   A. 6π　　　　　　　B. $\dfrac{25}{4}\pi$
   C. $\dfrac{13}{2}\pi$　　　　　　D. 5π
   E. $\dfrac{25}{2}\pi$

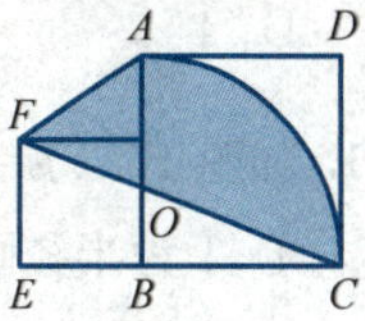

   图 17.1

5. 圆 $(x+3)^2+(y-4)^2=1$ 关于直线 $x-y+2=0$ 对称的圆为(　　).
   A. $(x-1)^2+(y+2)^2=1$　　B. $(x+1)^2+(y-2)^2=1$
   C. $(x-2)^2+(y+1)^2=1$　　D. $(x+2)^2+(y-1)^2=1$
   E. $(x+6)^2+(y-5)^2=1$

6. 某超市中秋前 30 天月饼销售总量 $f(t)$ 与时间 $t(0<t\leqslant 30,t\in \mathbf{Z})$ 的关系大致满足 $f(t)=t^2+10t+12$,则该超市前 t 天平均售出$\left[\text{如前 10 天的平均售出为}\dfrac{f(10)}{10}\right]$ 的月

饼最少为( ).

A. $10+4\sqrt{3}$ B. $10+2\sqrt{3}$ C. 15
D. 16 E. 17

7. 设 $\beta_1=C_8^3\alpha^3$, $\beta_2=C_8^4\alpha^4$, $\beta_3=C_8^5\alpha^5(\alpha\neq 0)$. 若 β_2 是 β_1, β_3 的等差中项,则 $\alpha=$( ).

A. 2 或 $\dfrac{1}{3}$ B. 2 或 $\dfrac{1}{2}$ C. 3 或 $\dfrac{1}{3}$

D. 3 或 $\dfrac{1}{2}$ E. $\dfrac{5}{2}$

8. 六年级一班的所有同学都分别参加了课外体育小组与唱歌小组,有的同学还同时参加了两个小组.若参加两个小组的人数是参加体育小组人数的 $\dfrac{1}{5}$, 是参加歌唱小组人数的 $\dfrac{2}{9}$,则这个班只参加体育小组与参加唱歌小组的人数之比是( ).

A. 8∶7 B. 10∶9 C. 1∶2
D. 9∶10 E. 7∶8

9. 设 x,y 满足约束条件 $\begin{cases} x-y\geqslant 0, \\ x+2y\leqslant 3, \\ x-2y\leqslant 1, \end{cases}$ 则 $z=x+4y$ 的最大值是( ).

A. 2 B. 3 C. 4
D. 5 E. 6

10. 在等比数列 $\{a_n\}$ 中,已知 a_2 与 a_{13} 是方程 $3x^2+2x-6=0$ 的两个根,则 a_7a_8 =( ).

A. -2 B. 2 C. -4
D. 4 E. $-\dfrac{2}{3}$

11. 如图 17.2 所示,正方形的边长为 1,以 CD 为直径在正方形内画半圆,再以点 C 为圆心、1 为半径画弧 BD,则图中阴影部分的面积为( ).

A. $\dfrac{\pi}{2}$ B. $\dfrac{\pi}{3}$

C. $\dfrac{\pi}{4}$ D. $\dfrac{\pi}{6}$

E. $\dfrac{\pi}{8}$

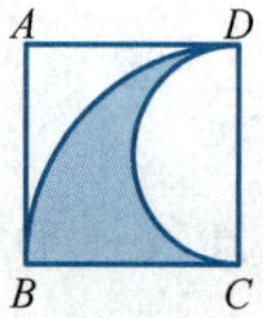

图 17.2

12. 古代"五行"学说认为:"物质分金、木、土、水、火五种属性,金克木,木克土,土克水,水克火,火克金."将 5 种不同属性的物质任意排成一列,但排列中属性相克的两种物质不相邻,则这样的排列方法有( )种.

A. 10   B. 16   C. 20
D. 24   E. 36

13. 将 6 个大小相同的球等可能地投到 4 个不同的箱子中,则 4 个箱子都不空的概率是( ).

A. $\dfrac{195}{512}$ B. $\dfrac{290}{4^6}$ C. $\dfrac{390}{4^6}$

D. $\dfrac{145}{256}$ E. $\dfrac{135}{256}$

14. 半球内有一个内接的正方体,其下底面在半球的大圆上,则这个半球面的面积与正方体的表面积之比为( ).

A. $\dfrac{\pi}{2}$ B. $\dfrac{5\pi}{12}$ C. $\dfrac{\pi}{4}$

D. $\dfrac{5\pi}{6}$ E. $\dfrac{\pi}{8}$

15. 现安排甲、乙、丙、丁、戊 5 名同学参加北京世界田径锦标赛的志愿者服务活动,每人从事翻译、导游、礼仪、司机 4 项工作之一,每项工作至少有 1 人参加.甲、乙不会开车但能从事其他 3 项工作,丙、丁、戊都能胜任 4 项工作,则不同安排方案的种数是( ).

A. 152   B. 126   C. 90
D. 54   E. 36

二、条件充分性判断(本大题共 10 小题,每小题 3 分,共 30 分)

解题说明:本大题要求判断所给出的条件能否充分支持题干中陈述的结论.阅读条件(1)和(2)后选择.

A. 条件(1)充分,但条件(2)不充分.

B. 条件(2)充分,但条件(1)不充分.

C. 条件(1)和(2)单独都不充分,但条件(1)和(2)联合起来充分.

D. 条件(1)充分,条件(2)也充分.

E. 条件(1)和(2)单独都不充分,条件(1)和(2)联合起来也不充分.

16. A,B,C 三人进行乒乓球赛,两人比赛一人观战,每赛一场后胜者继续打,负者换另一个人上场,一直这样进行下去,那么 C 总共打了 13 场.

(1) 已知 A 胜了 11 场, B 胜了 9 场, C 胜了 3 场.

(2) 已知 A 胜了 3 场, B 胜了 7 场, C 胜了 8 场.

17. 已知 a,b 为实数,则 $a>0,b>0$.

(1) $ab>0$.

(2) $a+b>0$.

18. $2m^2+4n^2-6n=12$.

(1) 已知 m, n 是方程 $x^2-3x+1=0$ 的两个实根.

(2) 已知 m, n 是方程 $x^2-3x+2=0$ 的两个实根.

19. 已知 a 为实数, 则 $\left|a+\dfrac{1}{a}\right|=\sqrt{5}$.

(1) $\dfrac{1}{a}-a=3$.

(2) $a-\dfrac{1}{a}=1$.

20. 若两个圆相切, 则它们的半径分别为 10 厘米、4 厘米.

(1) 两个圆的圆心距为 14 厘米.

(2) 两个圆的圆心距为 6 厘米.

21. $m:n=6:1$.

(1) 不等式 $mx^2+nx+2>0$ 的解集为 $\left(-\dfrac{1}{2},\dfrac{1}{3}\right)$.

(2) 方程 $x^2+mx+n=0$ 的两根 x_1, x_2 满足 $\dfrac{1}{x_1}+\dfrac{1}{x_2}=-6$.

22. $a=b+c$ 成立.

(1) $a^2+b^2+c^2-2ab-2ac+2bc=0$.

(2) $\dfrac{a}{b-a}=\dfrac{b}{b-c}=\dfrac{c}{c-a}$.

23. 某次文艺汇演, 要将 A, B, C, D, E 这 5 个不同节目编排成节目单, 则节目单上不同的排序方式有 36 种.

(1) 要求 A, B 两个节目不相邻.

(2) 最后一个节目必须是 A, B 中的一个.

24. 若某公司有 10 个股东, 则持股最多的股东所持股份占总股份的最大百分比是 25%.

(1) 他们中任意 6 个股东所持股份的和都不少于总股份的 50%.

(2) 他们中任意 3 个股东所持股份的和都不少于总股份的 25%.

25. 直线 l 将圆 $x^2+y^2-2x-4y=0$ 平分, 则直线 l 的斜率的取值范围是 $[0,2]$.

(1) 直线 l 不通过第四象限.

(2) 直线 l 通过第四象限.

第十八套卷

一、问题求解(本大题共 15 题,每小题 3 分,共 45 分,在每小题的 5 个选项中选择一项)

1. 已知整数 a,b,c 满足不等式 $a^2+b^2+c^2+43 \leqslant ab+9b+8c$,则 a 的值等于( ).
   A. 12 B. 10 C. 8
   D. 6   E. 3

2. 已知 $\left|\dfrac{5x-3}{2x+5}\right|=\dfrac{3-5x}{2x+5}$,则实数 x 的取值范围为( ).
   A. $x<-\dfrac{5}{2}$ 或 $x \geqslant \dfrac{3}{5}$ B. $-\dfrac{5}{2} \leqslant x \leqslant \dfrac{3}{5}$
   C. $-\dfrac{5}{2}<x \leqslant \dfrac{3}{5}$ D. $-\dfrac{3}{5} \leqslant x \leqslant \dfrac{5}{2}$
   E. 以上均不正确

3. 在各项均为正数的等比数列 $\{a_n\}$ 中,若 $a_2=1$,$a_8=a_6+2a_4$,则 a_6 的值为( ).
   A. 2 B. 3 C. 4
   D. 6 E. 8

4. 某公司有员工 1 000 人,2014 年人均年产值为 12 万元,计划 2015 年年产值比 2014 年增长 10%.而 2015 年 1 月与 2 月因部分员工被抽去做市场调研,所以人均产值与 2014 年相同.那么要完成 2015 年的任务,从 3 月份起人均月产值比 2014 年增长( ).
   A. 14% B. 13% C. 12%
   D. 11% E. 20%

5. 有一本畅销书,今年每册的成本比去年增加了 10%,因此每册书的利润下降了 20%.但是,今年的销售量比去年增加了 70%,则今年销售该书的总利润比去年增加了( ).
   A. 36% B. 25% C. 20%
   D. 15% E. 30%

6. 王老师从甲地出发,赶往相距 3 300 米的乙地.若王老师骑自行车骑了 10 分钟后,改成步行,还须步行 15 分钟才能到达乙地;若王老师骑了 12 分钟后,改成步行,还须步行 7 分钟才能到达乙地.假设王老师骑车与步行都是匀速的,则王老师骑车的速度为( )米/分.
   A. 60   B. 120 C. 220
   D. 240 E. 480

7. 已知 x，y，z 均是正数，且满足 $5^x = 3^y = 15^z$，那么 $\dfrac{z}{x} + \dfrac{z}{y} = ($).

   A. -1 B. 0 C. 1

   D. $\log_2 3$ E. $\log_3 2$

8. 在 100 与 500 之间，能被 6 整除的整数共有( )个.

   A. 64 B. 66 C. 67

   D. 68 E. 83

9. 已知不等式 $ax^2 - 5x + b > 0$ 的解集是 $\left(-\dfrac{2}{3}, \dfrac{1}{4}\right)$，那么不等式 $ax^2 + 5x + b < 0$ 的解集为( ).

   A. $\left(-\infty, -\dfrac{2}{3}\right) \cup \left(\dfrac{1}{4}, +\infty\right)$

   B. $\left(-\infty, -\dfrac{1}{4}\right) \cup \left(\dfrac{2}{3}, +\infty\right)$

   C. $\left(-\dfrac{2}{3}, +\infty\right)$

   D. $\left(-\infty, \dfrac{1}{4}\right)$

   E. $\left(-\dfrac{1}{4}, \dfrac{2}{3}\right)$

10. 某人射击 8 枪，命中 3 枪，恰有 2 枪连中的情况有( )种.

    A. 90 B. 40 C. 80

    D. 30 E. 50

11. 有两个同心圆，在外圆上有相异的 6 个点，内圆上有相异的 3 个点，由这 9 个点所确定的直线最少可有( )条.

    A. 15 B. 21 C. 36

    D. 30 E. 23

12. 已知 $\dfrac{x}{|x|-1} = 1$，则 $\dfrac{|x|+1}{2x} = ($).

    A. 1 B. $\dfrac{1}{2}$ C. $-\dfrac{1}{2}$

    D. $\dfrac{3}{2}$ E. $-\dfrac{3}{2}$

13. 函数 $y = a^x$ 在 $[0, 1]$ 上的最大值与最小值的和为 3，则 $a = ($).

    A. $\dfrac{1}{2}$ B. $\dfrac{1}{4}$ C. 1

    D. 2 E. 4

14. 如图 18.1 所示，△ABC 的面积为 10，与 A，B，C 不重合的 3 点 D，E，F 分别落在边 AB，BC，CA 上，且 AD = 2，BD = 3. 若 △ABE 与四边形 DBEF 有相同的面积，则 △ABE 的面积为( ).

    A. 4   B. 5
    C. 6   D. 7
    E. 8

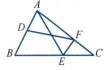

图 18.1

15. 甲、乙两人独立地解同一道题，甲解决这个问题的概率是 p_1，乙解决这个问题的概率是 p_2，那么恰有一人解决这个问题的概率是( ).

    A. $p_1 p_2$ B. $p_1(1-p_2) + p_2(1-p_1)$
    C. $1-(1-p_1)(1-p_2)$ D. $1 - p_1 p_2$
    E. $(1-p_1) p_2$

二、条件充分性判断(本大题共 10 小题，每小题 3 分，共 30 分)

解题说明：本大题要求判断所给出的条件能否充分支持题干中陈述的结论．阅读条件(1)和(2)后选择．

   A. 条件(1)充分，但条件(2)不充分．
   B. 条件(2)充分，但条件(1)不充分．
   C. 条件(1)和(2)单独都不充分，但条件(1)和(2)联合起来充分．
   D. 条件(1)充分，条件(2)也充分．
   E. 条件(1)和(2)单独都不充分，条件(1)和(2)联合起来也不充分．

16. $a_1 + a_3 + a_5 = 13$.

    (1) 等式 $(3x-2)^2 = a_0 x^5 + a_1 x^4 + a_2 x^3 + a_3 x^2 + a_4 x + a_5$ 对于任意实数 x 都成立．

    (2) $\{a_n\}$ 为等差数列，满足 $a_2 + a_4 = \dfrac{26}{3}$.

17. 已知 x, y, z 均为实数，则能确定 $\dfrac{(yz+1)(zx+1)(xy+1)}{(x^2+1)(y^2+1)(z^2+1)}$ 的值．

    (1) $xy = yz = zx$.
    (2) $(y-z)^2 + (z-x)^2 + (x-y)^2 = (x+y-2z)^2 + (y+z-2x)^2 + (z+x-2y)^2$.

18. 体积 $V = 28\pi$.

    (1) 长方体的 3 个相邻面的面积分别为 2，2，1，这个长方体的顶点都在同一球面上，则这个球的体积为 V.

    (2) 某圆柱侧面面积为 28π，底面半径为 2，则该圆柱的体积为 V.

19. 数列 $\{a_n\}$ 为等差数列，公差为 d，且满足 $a_1 > 0$，$d > 0$，则 $A \geqslant G$.

    (1) A 是 a_1, a_n 的等差中项．
    (2) G 是 a_1, a_n 的等比中项．

20. m 是一个整数.

（1）若 $m = \dfrac{p}{q}$，其中 p 与 q 为非零整数，且 m^2 是一个整数.

（2）若 $m = \dfrac{p}{q}$，其中 p 与 q 为非零整数，且 $\dfrac{2m+4}{3}$ 是一个整数.

21. 等腰三角形的面积为 $9\sqrt{3}$.

（1）在等腰三角形中，一腰上的高为 $3\sqrt{3}$，且这条高与底边的夹角为 $30°$.

（2）在等腰三角形中，有一个角为 $60°$.

22. $x^4 + mx^2 - px + 2$ 能被 $x^2 + 3x + 2$ 整除.

（1）$m = -6$，$p = 3$.

（2）$m = 3$，$p = -6$.

23. 现从 4 名男生、3 名女生中任意选出 3 人参加一个游戏，则不同的取法共有 30 种.

（1）要求男生至少 1 人.

（2）要求女生至少 1 人.

24. 直线 $x_0 x + y_0 y = a^2$ 与圆 $x^2 + y^2 = a^2$ 相交.

（1）$M(x_0, y_0)$ 为圆 $x^2 + y^2 = a^2$ 内异于圆心的一点.

（2）$M(x_0, y_0)$ 为圆 $x^2 + y^2 = a^2$ 外一点.

25. 若 x，y 分别表示将一枚骰子先后抛掷 2 次时第 1 次、第 2 次出现的点数，则 $p = \dfrac{25}{36}$.

（1）满足 $x - y = -1$ 的概率为 p.

（2）满足 $x - 2y > 0$ 的概率为 p.

第十九套卷

一、**问题求解**(本大题共15题,每小题3分,共45分,在每小题的5个选项中选择一项)

1. 小张用 a 元买入若干股 A 股票,第1天该股票价格下跌 10%,第2天该股票价格上涨 10%,第3天该股票价格又上涨 10%.此时,若他把该股票全部卖出可获利(　　)元.
   A. $0.089a$　　　　　　B. $0.09a$　　　　　　C. $0.099a$
   D. $0.1a$　　　　　　　E. $0.11a$

2. 早晨6点,乙骑自行车追赶在跑步晨练的甲,乙的速度是甲的3倍,6:30赶上.如果乙 6:20 出发,则他在(　　)赶上甲.
   A. 6:40　　　　　　　B. 6:50　　　　　　　C. 6:30
   D. 6:35　　　　　　　E. 7:00

3. 已知 a,b 是两个不相等的实数,且满足 $a^2-3a=1$,$b^2-3b=1$,则 $\dfrac{a^2}{b}+\dfrac{b^2}{a}=$(　　).
   A. -39　　　　　　B. -36　　　　　　C. -18
   D. 18　　　　　　　E. 36

4. 6人站成一排,要求甲、乙两人相邻,且丙、丁两人不相邻,则不同的站法共有(　　)种.
   A. 8　　　　　　　　B. 48　　　　　　　　C. 72
   D. 144　　　　　　　E. 180

5. 某年级共有300人,有180人选修了专业课 A、128人选修了专业课 B,其中选修专业课 A 而未选修专业课 B 的有97人,则该年级中这两门专业课都没有选修的有(　　)人.
   A. 65　　　　　　　　B. 75　　　　　　　　C. 85
   D. 92　　　　　　　　E. 95

6. 如图19.1所示,在 $\triangle ABC$ 中,$DE \parallel BC$,BE 交 CD 于点 O,$OC=3OD$.若 $\triangle ODE$ 的面积为2,则 $\triangle ABC$ 的面积为(　　).
   A. 48　　　　　　　　B. 54
   C. 63　　　　　　　　D. 64
   E. 72

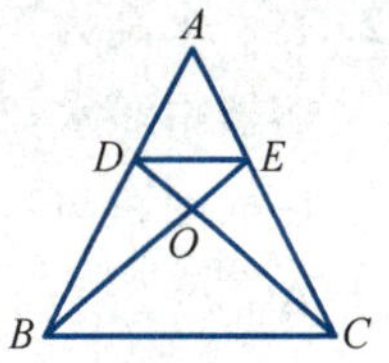

   图 19.1

7. 设 $x>0$,$y>0$,且 $\dfrac{2}{x}+\dfrac{8}{y}=1$,则 xy(　　).
   A. 有最大值64　　　　B. 有最大值8　　　　C. 有最小值64
   D. 有最小值 $\dfrac{1}{8}$　　E. 既无最大值也无最小值

8. 一次满分为75分的数学模拟测试中,一班的平均分为38分、二班的平均分为42分,两个班总的平均分为39.5分,且一班有80人,则二班有( )人.

A. 47　　　　　　　　B. 48　　　　　　　　C. 54

D. 56　　　　　　　　E. 72

9. 已知 $5a^2+4a-7$ 是一个偶数,那么整数 a 一定是( ).

A. 偶数

B. 奇数

C. 既可以是奇数又可以是偶数

D. 任意数

E. 以上结论都不对

10. 如图 19.2 所示,圆 O 的半径为 5,四边形 $ABCD$ 的顶点都在圆上,$AB=5$,$BC=6$,$CD=8$,则阴影部分的面积为( ).

A. $25\pi - 24 - \dfrac{25\sqrt{3}}{2}$　　　　B. $25\pi - 24 - 25\sqrt{3}$

C. $25\pi - 48 - 25\sqrt{3}$　　　　D. $25\pi - 25\sqrt{3}$

E. $25\pi + 25\sqrt{3}$

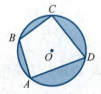

图 19.2

11. 不等式 $-3 \leqslant \dfrac{x+1}{x}$ 的解集为( ).

A. $\left(-\infty, -\dfrac{1}{2}\right]$

B. $(0, +\infty)$

C. $\left(-\infty, -\dfrac{1}{2}\right) \cup (0, +\infty)$

D. $\left(-\infty, -\dfrac{1}{2}\right] \cup (0, +\infty)$

E. $\left(-\infty, -\dfrac{1}{4}\right] \cup (0, +\infty)$

12. 在一个高为5厘米的圆柱形容器内放一个高为2厘米的长方体铁块.现打开水龙头往容器中灌水,2分钟时水面恰好没过长方体的顶面,再过4分钟灌满容器,则长方体的底面面积与容器底面面积之比为( ).

A. 1∶2　　　　　　　B. 1∶3　　　　　　　C. 1∶4

D. 2∶3　　　　　　　E. 3∶4

13. 小鸣计划把600万元全部投资到 A,B 两个项目中,若投资 A 项目收益率为8%,投资 B 项目收益率为12%,要求至少投资 A 项目100万元且 B 项目投资额不得超过 A 项目投资额的2倍,则小鸣合理投资后,最多可收益(收益率=总收益额/总投资额)( )万元.

A. 48 B. 56 C. 60
D. 62 E. 64

14. 在平面直角坐标系 xOy 中,直线 $x+2y-3=0$ 被圆 $(x-2)^2+(y+1)^2=4$ 截得的弦长为( ).

A. $\dfrac{2\sqrt{55}}{5}$ B. $\dfrac{2\sqrt{22}}{5}$ C. $\dfrac{4\sqrt{14}}{5}$

D. $\dfrac{2}{5}$ E. $\dfrac{3}{5}$

15. 3 名同学随机报考江苏的 4 所"211"大学,每人报考一所学校,则这 4 所"211"大学中的江南大学至少有 1 名同学报考的概率为( ).

A. $\dfrac{1}{3}$ B. $\dfrac{2}{3}$ C. $\dfrac{27}{64}$

D. $\dfrac{37}{64}$ E. $\dfrac{47}{64}$

二、条件充分性判断(本大题共 10 小题,每小题 3 分,共 30 分)

解题说明:本大题要求判断所给出的条件能否充分支持题干中陈述的结论.阅读条件(1)和(2)后选择.

A. 条件(1)充分,但条件(2)不充分.
B. 条件(2)充分,但条件(1)不充分.
C. 条件(1)和(2)单独都不充分,但条件(1)和(2)联合起来充分.
D. 条件(1)充分,条件(2)也充分.
E. 条件(1)和(2)单独都不充分,条件(1)和(2)联合起来也不充分.

16. 已知 a,b 为实数,则 $a^2+ab-2b^2-a+b=0$.
    (1) $a+2b=1$.
    (2) $a-b=4$.

17. $\dfrac{a}{d}<\dfrac{b}{c}$.
    (1) $a>b>0$.
    (2) $c<d<0$.

18. 已知 $\{a_n\}$ 为等比数列,则能确定 a_3 的值.
    (1) $a_1+a_5=17$.
    (2) $a_2 a_4=16$.

19. 两直线 $y=x, y=ax+b$ 与 $x=0$ 所围成的平面图形的面积是 1.
    (1) $a=-1, b=2$.
    (2) $a=-1, b=-2$.

20. 利用长、宽、高分别为 a, b, c 的长方体材料可以堆成一个棱长为 12 的实心正方体.

(1) $a=6, b=4, c=3$.

(2) $a=7, b=4, c=2$.

21. $N=30$.

(1) 从 10 名学生中选 3 名担任班干部,则甲、乙至少有 1 人入选,而丙没有入选的不同方法有 N 种.

(2) 将甲、乙、丙、丁 4 名学生分到 3 个不同的班,每个班至少分到 1 名学生,且甲、乙两名学生不能分到同一个班,则不同分法有 N 种.

22. 关于 x 的方程 $ax^2+4x+2=0$ 有实数根.

(1) $a>0$.

(2) $a \leqslant 1$.

23. 等差数列 $\{a_n\}$ 的前 n 项和为 S_n,则使 $a_n>0$ 的最小正整数 $n=10$.

(1) $a_{11}-a_8=3$.

(2) $S_{11}-S_8=3$.

24. 已知 a, b 为实数,则 $\dfrac{1}{a}+\dfrac{1}{b}>1$.

(1) $ab<a+b$.

(2) $(a-1)(b-1)<1$.

25. 将 2 个红球与 2 个白球随机地放入甲、乙、丙 3 个盒子中,则 $p=\dfrac{16}{81}$.

(1) 甲盒中恰有 2 个球的概率为 p.

(2) 甲盒中恰有 1 个红球及 1 个白球的概率为 p.

第二十套卷

一、问题求解(本大题共15题,每小题3分,共45分,在每小题的5个选项中选择一项)

1. 张小姐购 A,B,C 3 种股票的投资额之比为 $7:4:3$,其后又以与前次总投资额相同的金额全部购买 C 股票,则张小姐两次对 C 股票的投资额占其总投资额的比重约为( ).
   A. 56%   B. 61%   C. 66%
   D. 71%   E. 76%

2. 甲、乙两人分别从 A,B 两地同时相向出发,在离 B 地 6 千米处相遇后又继续前进.甲到 B 地、乙到 A 地后,都立即返回,又在离 A 地 8 千米处相遇,则 AB 两地间的距离为( )千米.
   A. 10   B. 20   C. 30
   D. 40   E. 50

3. 已知 $|x^2-6xy+13y^2|+\sqrt{z-2}=4y-1$,则 $(2x-4y)^z$ 的取值为( ).
   A. -1 B. 0   C. 1
   D. $\sqrt{2}$ E. $\sqrt{3}$

4. 设实数 x,y 适合等式 $x^2-4xy+4y^2+\sqrt{3}x+\sqrt{3}y-6=0$,则 $x+y$ 的最大值为( ).
   A. $\dfrac{\sqrt{3}}{2}$ B. $\dfrac{2\sqrt{3}}{3}$ C. $2\sqrt{3}$
   D. $3\sqrt{2}$ E. $3\sqrt{3}$

5. 用 1 320 个棱长为 1 厘米的正方体堆成一个长方体,它的高是 1 分米,长与宽都大于高,则这个长方体的表面积为( )平方厘米.
   A. 1 004   B. 1 624   C. 716
   D. 724   E. 1 320

6. 甲、乙、丙 3 人做某工作.甲单独做所需时间为乙、丙合作所需时间的 3 倍,乙单独做所需时间为甲、丙合作所需时间的 2 倍,则丙单独做所需时间为甲、乙合作所需时间的( )倍.
   A. 1.4   B. 1.5   C. 2.5
   D. 1.8   E. 2.4

7. 当 $n=1,2,3,\cdots,2\,016,2\,017$ 时,二次函数 $y=(n^2+n)x^2-(2n+1)x+1$ 的图像被 x 轴截得的线段长度之和为( ).

A. $\dfrac{2\,014}{2\,015}$ B. $\dfrac{2\,015}{2\,016}$ C. $\dfrac{2\,016}{2\,017}$

D. $\dfrac{2\,017}{2\,018}$ E. $\dfrac{2\,018}{2\,019}$

8. 如图 20.1 所示,某城市公园的雕塑由 3 个直径为 1 的圆两两相垒立在水平地面上,则雕塑的最高点到地面的距离为(　　).

A. $\dfrac{2+\sqrt{3}}{2}$ B. $\dfrac{3+\sqrt{3}}{2}$

C. $\dfrac{2+\sqrt{2}}{2}$ D. $\dfrac{3+\sqrt{2}}{2}$

E. $\dfrac{1+\sqrt{3}}{2}$

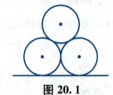

图 20.1

9. 饮料厂开发了 A,B 两种新型饮料,主要原料均为甲与乙,每瓶饮料中甲、乙的含量如下表所示.现用甲原料与乙原料各 2 800 克进行试生产,计划生产 A,B 两种饮料共 100 瓶,如果 A 种饮料每瓶的成本为 2.6 元、B 种饮料每瓶的成本为 2.8 元,则这两种饮料成本最低为(　　)元.

原料名称 饮料名称	甲	乙
A	20 克	40 克
B	30 克	20 克

A. 260 B. 272 C. 276
D. 278 E. 280

10. 直线 $l:y=x+k$ 与曲线 $C:x=\sqrt{1-y^2}$ 恰有一个交点,则 k 的取值范围是(　　).

A. $k=\pm\sqrt{2}$ B. $(-\infty,-\sqrt{2}]\cup[\sqrt{2},+\infty)$

C. $(-\sqrt{2},\sqrt{2})$ D. $k=-\sqrt{2}$ 或 $k\in(-1,1]$

E. 无法确定

11. 如图 20.2 所示,有一个水平放置的透明无盖的正方体容器,高为 8.将一个球放在容器口,再向容器注水,当球面恰好接触水面时测得水深为 6,如不计容器的厚度,则球的体积为(　　).

A. 100π B. $\dfrac{100}{3}\pi$

C. $\dfrac{125}{3}\pi$ D. $\dfrac{1\,000}{3}\pi$

E. $\dfrac{500}{3}\pi$

图 20.2

12. 设 $(1+ax)^8 = b_0 + b_1 x + b_2 x^2 + \cdots + b_8 x^8 (a \neq 0)$,若 b_3, b_4, b_5 成等差数列,则 a 的值为( ).

    A. $\dfrac{1}{2}$　　　　　　B. $\dfrac{1}{2}$ 或 2　　　　　　C. 2

    D. 1 或 $\dfrac{1}{2}$　　　　　E. 0 或 1

13. 已知每届足球世界杯共有 32 支参赛队伍,等分成 8 组进行小组赛.小组赛实行单循环赛制,同一组组内的任意两支球队均须进行比赛,则小组赛共须比赛( )场.

    A. 64　　　　　　B. 60　　　　　　C. 48
    D. 32　　　　　　E. 31

14. 在 1 至 9 这 9 个数字中,任意取出 3 个不同的数字,能够构成等比数列的概率为( ).

    A. $\dfrac{1}{21}$　　　　　B. $\dfrac{1}{28}$　　　　　C. $\dfrac{3}{28}$

    D. $\dfrac{1}{42}$　　　　　E. $\dfrac{1}{14}$

15. 某商场对顾客实行优惠,规定:(1)如一次购物不超过 200 元,则不予折扣;(2)如一次购物超过 200 元但不超过 500 元的,按标价给予九折优惠;(3)如一次购物超过 500 元的,其中 500 元按第(2)条给予优惠,超过 500 元的部分则给予八折优惠.某人两次去购物,分别付款 168 元与 423 元,如果他只去一次购买同样的商品,则应付款( )元.

    A. 522.8　　　　　B. 510.4　　　　　C. 560.4
    D. 472.8　　　　　E. 532.1

二、条件充分性判断(本大题共 10 小题,每小题 3 分,共 30 分)

解题说明:本大题要求判断所给出的条件能否充分支持题干中陈述的结论.阅读条件(1)和(2)后选择.

A. 条件(1)充分,但条件(2)不充分.

B. 条件(2)充分,但条件(1)不充分.

C. 条件(1)和(2)单独都不充分,但条件(1)和(2)联合起来充分.

D. 条件(1)充分,条件(2)也充分.

E. 条件(1)和(2)单独都不充分,条件(1)和(2)联合起来也不充分.

16. $yx^2 + xy^2$ 的值可以唯一确定.

    (1) $(\log_m x)^2 + 2(\log_m x \log_m y) + (\log_m y)^2 = \dfrac{1}{2} \log_m 2 \log_m 4$.

    (2) $x^3 - x^2 + 2x = 2$.

17. 不等式 $|x + \log_3 x| < |x| + |\log_3 x|$ 成立.

    (1) $x > 0$.

(2) $x < 2$.

18. 如图20.3所示，两个同心半圆圆心为 O，AB 是大半圆 O 的直径，EF 是小半圆 O 的直径，弦 AC 外切于小圆，切点为 D，则阴影部分面积可求.
    (1) $OA = 2$，$OE = 1$.
    (2) $AC = 2\sqrt{3}$，$AE = 1$.

图 20.3

19. 某种生产设备购买时费用为 10 万元，每年的设备管理费共计 0.9 万元，这种生产设备的维修费各年为：第一年 0.2 万元，第二年 0.4 万元，第三年 0.6 万元 …… 依每年 0.2 万元的增长量递增.则这种生产设备最多使用 n 年报废最合算(即使用多少年平均费用最少).
    (1) $n = 10$.
    (2) $n = 9$.

20. 已知 $C: x^2 + y^2 - 8y + 12 = 0$ 与直线 $l: ax + y + 2a = 0$，则圆 C 与直线 l 相切.
    (1) $a = \dfrac{3}{4}$.
    (2) $a = -\dfrac{3}{4}$.

21. 已知 a，b，c，d 是非零实数，则 $a + b + c + d = -2$.
    (1) a，b 是方程 $x^2 + cx + d = 0$ 的两个根.
    (2) c，d 是方程 $x^2 + ax + b = 0$ 的两个根.

22. 正实数 x_1，x_2，x_3 的算术平均值为 $\bar{x}$，方差为 s^2，则算术平均值与方差均为原来的 2 倍.
    (1) 将 x_1，x_2，x_3 均扩大为原来的 2 倍.
    (2) 将 x_1，x_2，x_3 各加上 2.

23. 等比数列 $\{a_n\}$ 的前 8 项和为 255.
    (1) $\{a_n\}$ 是各项为正数的等比数列.
    (2) $a_6 - a_4 = 24$，$a_1 a_7 = 64$.

24. 连续掷一枚均匀的骰子 2 次，得到的点数 a，b 作为点 $P(a,b)$ 的坐标，则 $p = \dfrac{1}{12}$.
    (1) 点 $P(a,b)$ 落入直线 $3x + 4y - 12 = 0$ 与坐标轴围成的三角形内的概率为 p.
    (2) 点 $P(a,b)$ 落入直线 $4x + 3y - 12 = 0$ 与坐标轴围成的三角形内的概率为 p.

25. 6 男 4 女站成一排，则不同的排法共有 $P_6^5 P_7^4$ 种.
    (1) 男生甲、乙、丙 3 人顺序固定.
    (2) 任何 2 名女生都不相邻.

参考答案

第一套卷解析 数与式

1. 【答案】D.

【解析】a，b，c 的最小公倍数是 48，所以它们都是 48 的约数，则 a，b，c 只能在 1，2，3，4，6，8，12，16，24，48 中取值；又因为 a，b 的最大公约数是 4，b，c 的最大公约数是 3，所以 b 的最小值是 12、c 的最小值是 3、a 的最小值是 16. 因此，$a+b+c$ 的最小值是 $12+3+16=31$.

2. 【答案】B.

【解析】3 个质数分别为 5，11，17.

3. 【答案】A.

【解析】$\dfrac{1}{1\times 2}+\dfrac{1}{2\times 3}+\dfrac{1}{3\times 4}+\cdots+\dfrac{1}{99\times 100}=\left(1-\dfrac{1}{2}\right)+\left(\dfrac{1}{2}-\dfrac{1}{3}\right)+\cdots+\left(\dfrac{1}{99}-\dfrac{1}{100}\right)=\dfrac{99}{100}$.

4. 【答案】B.

【解析】$x+y+z=a^2+b^2+c^2-ab-bc-ca=\dfrac{1}{2}(2a^2+2b^2+2c^2-2ab-2bc-2ca)=\dfrac{1}{2}[(a-b)^2+(b-c)^2+(c-a)^2]>0$，显然至少有一个大于零.

5. 【答案】D.

【解析】

原式 $=\dfrac{(1+3)(1+3^2)(1+3^4)(1+3^8)\cdots(1+3^{32})+\dfrac{1}{2}}{3\times 3^2\times 3^3\times\cdots\times 3^{10}}$

$=\dfrac{(1-3)(1+3)(1+3^2)(1+3^4)(1+3^8)\cdots(1+3^{32})+\dfrac{(1-3)}{2}}{(1-3)\times 3^{1+2+3+\cdots+10}}$

$=\dfrac{(1-3^2)(1+3^2)(1+3^4)(1+3^8)\cdots(1+3^{32})+\dfrac{(1-3)}{2}}{(1-3)\times 3^{55}}$

$=\dfrac{1-3^{64}-1}{(-2)\times 3^{55}}=\dfrac{1}{2}\times 3^9$.

6. 【答案】D.

【解析】本题主要考运算的基本概念,一个大于1的自然数的算术平方根为 a,则原自然数为 a^2,与该自然数左右相邻的两个自然数为 a^2-1 及 a^2+1,再开方得到算术平方根分别为 $\sqrt{a^2-1}$ 及 $\sqrt{a^2+1}$.

[技巧] 采用特殊值法,设自然数为4,则 $a=2$,左右相邻的两个数为3与5,代入选项验证答案.

7. 【答案】E.

【解析】
$$|3x+2|+2x^2-12xy+18y^2=0$$
$$\Rightarrow |3x+2|+2(x-3y)^2=0 \Rightarrow \begin{cases} 3x+2=0, \\ x=3y \end{cases}$$
$$\Rightarrow \begin{cases} x=-\dfrac{2}{3}, \\ y=-\dfrac{2}{9} \end{cases} \Rightarrow 2y-3x=-\dfrac{4}{9}+2=\dfrac{14}{9}.$$

8. 【答案】D.

【解析】从所给的两式中消去 y 即得 $|\sqrt{x}-\sqrt{2}|+|x-2|+a^2+b^2=0$,可见必有
$$\begin{cases} \sqrt{x}-\sqrt{2}=0, \\ a^2=0, \\ b^2=0, \\ x-2=0, \end{cases}$$
即 $x=2$,且 $a=b=0$,从而 $y=1$,所求为 $3^3+3^0=28$.

[技巧] 采用尾数判别法,3的指数幂结果的尾数应该是1,3,9,7,显然28的可能性最高了.

9. 【答案】C.

【解析】
$$\begin{cases} \left(\dfrac{1}{a+b}\right)^{2\,007}=1, \\ \left(\dfrac{1}{-a+b}\right)^{2\,009}=1 \end{cases} \Rightarrow \begin{cases} a+b=1, \\ a-b=-1 \end{cases} \Rightarrow \begin{cases} a=0, \\ b=1, \end{cases}$$

代入得:$a^{2\,007}+b^{2\,009}=1$.

[技巧] 由于本题出现1与-1两个数进行干扰,因此应该在A与C中进行选择.

10. 【答案】C.

【解析】变形为 $(2x-y+5)\sqrt{3}+(x+y-2)=0$,因为 $x,y \in \mathbf{Q}$(有理数),所以
$$\begin{cases} 2x-y+5=0, \\ x+y-2=0 \end{cases} \Rightarrow \begin{cases} x=-1, \\ y=3. \end{cases}$$

11. 【答案】C.

【解析】列举所有的质数:2,3,5,7,11,13,17,19,23,29,…,通过观察能得到相差 6 的质数只能是 5,11,17,那么和为 33.

12. 【答案】A.

【解析】$\begin{cases} |a-3|=0, \\ \sqrt{3b+5}=0, \\ (5c-4)^2=0 \end{cases} \Rightarrow \begin{cases} a=3, \\ b=-\dfrac{5}{3}, \\ c=\dfrac{4}{5} \end{cases} \Rightarrow abc=-4.$

13. 【答案】E.

【解析】因为 $\dfrac{1}{x+m}-\dfrac{1}{x+m+1}=\dfrac{1}{(x+m)(x+m+1)}$,所以可得

$$f(x)=\dfrac{1}{x+1}-\dfrac{1}{x+2}+\dfrac{1}{x+2}-\dfrac{1}{x+3}+\cdots+\dfrac{1}{x+9}-\dfrac{1}{x+10}$$
$$=\dfrac{1}{x+1}-\dfrac{1}{x+10},$$

则 $f(8)=\dfrac{1}{9}-\dfrac{1}{18}=\dfrac{1}{18}.$

14. 【答案】E.

【解析】$N=770=7\times 11\times 2\times 5$,和为 25.

15. 【答案】E.

【解析】因为是连续合数,依次列举:4,6,8,9,…,发现 8 与 9 相邻,乘积 72 最小.

[技巧]观察选项,反向验证,发现 72 最小,$72=8\times 9$ 符合题干条件.

16. 【答案】E.

【解析】$1\,000x+4y=2\,012 \Rightarrow 250x+y=503 \Rightarrow \begin{cases} x=2, \\ y=3. \end{cases}$

(1) xy 是偶数 $\Rightarrow x,y$ 有一个为 2,另一个未知,不充分;(2) xy 是 6 的倍数 $\Rightarrow \begin{cases} x=2, \\ y=3 \end{cases}$ 或 $\begin{cases} x=3, \\ y=2, \end{cases}$ 不充分;联立也不充分.

17. 【答案】E.

【解析】条件(1)与条件(2)都只需取 $x=1,y=2$ 就发现不满足题干了,那么 A,B,C,D 都不选.

18. 【答案】A.

【解析】条件(1):$a<-1 \Rightarrow -a>1 \Rightarrow a<-1<1<-a$,充分;条件(2):取 $a=0$ 就不满足了.

19. 【答案】E.

【解析】只需取 $a=-1,b=0,c=1$,这一组值既满足条件(1),又满足条件(2),却不满

足题干,显然两个条件都不充分,联合也不充分,只能选 E.

20. 【答案】A.

    【解析】条件(1):$\frac{3n}{14}$ 是一个整数,因为3不是14的约数,所以 n 是14的倍数,则 $\frac{n}{14}$ 是一个整数,充分;条件(2):只需取 $n=7$ 就不充分.

21. 【答案】C.

    【解析】条件(1),(2)单独显然不充分.联合条件(1),(2),消去 y 得 $|x-3|+|\sqrt{x}-\sqrt{3}|+a^2+b^2=0$,即 $x=3,a=b=0 \Rightarrow y=1$,故 $2^{x+y}+2^{a+b}=2^{3+1}+2^0=17$.

22. 【答案】B.

    【解析】分解质因数.条件(1):$2\,700=2\times2\times3\times3\times75,(a+b+c+d+e)_{max}=85$;条件(2):$2\,000=2\times2\times2\times2\times125,(a+b+c+d+e)_{max}=2\times4+125=133$.

    [点睛]平均值定理的精髓在于:乘积为定值,和有最小值;和为定值,乘积有最大值;当几个数相等时取到最值.反之,几个数相差越大,反向变化结果就越明显.

23. 【答案】D.

    【解析】条件(1):由于 $2n$ 是偶数,得 $3m$ 也是偶数,则 m 为偶数,充分;条件(2):一个整数进行正整数次幂的运算后,其奇偶性不变,所以 m^2 与 m、n^2 与 n 具有相同的奇偶性.故条件(1)与条件(2)本质上是一样的.

    [技巧]其实本题由于条件(1)与条件(2)只相差了一个平方,而平方不会改变一个数的奇偶性,那么可以直接得到两个条件都充分.

24. 【答案】C.

    【解析】两条件显然单独不成立.联合两条件,两式相加,得 $x+2y\leqslant y+x+4 \Rightarrow y\leqslant 4$;(1)$\times 2+$(2),得 $2x+2y\leqslant 2y+4+x+2 \Rightarrow x\leqslant 6$.两个条件联合起来充分.

25. 【答案】A.

    【解析】条件(1):$3x+5y=37$,x,y 均为整数,且为一奇一偶,简单取值检验后可解得 $x=9,y=2$,充分;条件(2):$4x+6y=37$,由于4,6都是偶数,显然没有整数解,故不充分.

第二套卷解析 应用题

1. 【答案】D.

    【解析】通讯员由队首跑到队尾时,相向运动,所用时间为 $\frac{800}{240+80}$ 分;通讯员由队尾回到队首,同向运动,所用时间为 $\frac{800}{240-80}$ 分,故共用时间 $\frac{800}{320}+\frac{800}{160}+1=8.5$(分).

2. 【答案】A.

【解析】由于相向运动,相对速度是两列火车的速度和,坐在慢车上的人看快车行驶,路程为快车的长度,即相对速度为 $160 \div 4 = 40$(米/秒). 同理,坐在快车上的人看慢车行驶,路程为慢车的长度,所以快车上的人看见整列慢车驶过的时间是 $120 \div 40 = 3$(秒),选 A.

3. 【答案】E.

【解析】方法一 因为每 12 分钟就有一辆公共汽车超过小明,所以 12 分钟公共汽车比小明多走了一个两车之间的间隔;每 8 分钟就又遇到迎面开来的一辆车,说明 8 分钟小明和公共汽车共走了一个两车之间的间隔. 所以,可以假设公共汽车两车之间的间隔为一个特定的数值 x.

$$\begin{cases} \dfrac{x}{(v_{车} - v_{人})} = 12, \\ \dfrac{x}{(v_{车} + v_{人})} = 8 \end{cases} \Rightarrow \begin{cases} v_{车} = \dfrac{5x}{48}, \\ v_{人} = \dfrac{x}{48} \end{cases} \Rightarrow 发车间隔 \ t = \dfrac{x}{v_{车}} = 9.6, 选 E.$$

方法二 经验公式法: $t = \dfrac{2t_1 t_2}{t_1 + t_2} = 9.6.$

4. 【答案】A.

【解析】由于两人同时同向跑步,当第二次追上乙时,甲比乙多跑了两圈,故所用时间为 $\dfrac{800}{6-4} = 400$(秒),故甲总共跑了 $6 \times 400 = 2\,400$(米),选 A.

5. 【答案】D.

【解析】方法一 甲、乙共同做了 6 天后,这件工作还剩 $1 - 6 \times \dfrac{1}{30} = \dfrac{4}{5}$. 因此,乙的工作效率为 $\dfrac{4}{5} \div 40 = \dfrac{1}{50}$,则甲的工作效率为 $\dfrac{1}{30} - \dfrac{1}{50} = \dfrac{1}{75}$,即这件工作由甲单独做需要 75 天.

方法二 $\begin{cases} \dfrac{1}{x} + \dfrac{1}{y} = \dfrac{1}{30}, \\ \left(\dfrac{1}{x} + \dfrac{1}{y}\right) \times 6 + \dfrac{40}{y} = 1 \end{cases} \Rightarrow x = 75.$

6. 【答案】A.

【解析】设乙队调回后又工作了 x 个月,则 $3 \times \left(\dfrac{1}{10} + \dfrac{1}{15}\right) + \dfrac{2}{10} + \left(\dfrac{1}{10} + \dfrac{1}{15}\right)x = 1 \Rightarrow x = \dfrac{9}{5}$. 因此,共用了 $3 + 2 + \dfrac{9}{5} = 6.8$(月).

7. 【答案】D.

【解析】设共有 $24x$ 个零件,则每小时甲做 $4x$ 个,乙做 $3x$ 个,合作完成要 $\dfrac{1}{\dfrac{1}{6}+\dfrac{1}{8}}=\dfrac{24}{7}$ (小时),则 $(4x-3x)\times\dfrac{24}{7}=24 \Rightarrow x=7$,共 $24\times 7=168$(个).

8. 【答案】C.

【解析】先求一个周期(每人工作一天)完成的工作量: $\dfrac{1}{4}+\dfrac{1}{5}+\dfrac{1}{6}=\dfrac{15+12+10}{60}=\dfrac{37}{60}>\dfrac{1}{2}$,故不到两个周期就可以完成工程.接下来逐一分析:甲如果再做一天,还剩下 $1-\dfrac{37}{60}-\dfrac{1}{4}=\dfrac{8}{60}<\dfrac{1}{5}$;最后乙收尾,乙还需要 $\dfrac{8}{60}\div\dfrac{1}{5}=\dfrac{2}{3}$(天).所以,得到甲做 2 天,乙做 $1\dfrac{2}{3}$ 天,丙做 1 天,共 $4\dfrac{2}{3}$ 天.

9. 【答案】B.

【解析】设甲、乙、丙单独完成各需要的天数为 x,y,z,则
$$\begin{cases} \dfrac{1}{x}+\dfrac{1}{y}=\dfrac{1}{6}, \\ \dfrac{1}{y}+\dfrac{1}{z}=\dfrac{1}{10}, \\ \dfrac{1}{z}+\dfrac{1}{x}=\dfrac{1}{7.5} \end{cases} \Rightarrow \begin{cases} x=10, \\ y=15, \\ z=30. \end{cases}$$

再设每天付给甲、乙、丙三队的费用分别是 a,b,c,则
$$\begin{cases} 6a+6b=8\,700, \\ 10b+10c=9\,500, \\ 7.5a+7.5c=8\,250 \end{cases} \Rightarrow \begin{cases} a=800, \\ b=650, \\ c=300. \end{cases}$$

10. 【答案】B.

【解析】经验公式法:设 C_0 为起始浓度,M 为总量,M_0 为倒出的量,则
$$\begin{cases} C_2=C_0\times\left(1-\dfrac{M_0}{M}\right)^2, \\ \dfrac{2}{5}=\dfrac{9}{10}\times\left(1-\dfrac{1}{M}\right)^2 \end{cases} \Rightarrow M=3.$$

若两次量不同: $C_2=C_0\times\left(1-\dfrac{M_1}{M}\right)\left(1-\dfrac{M_2}{M}\right)$.

11. 【答案】A.

【解析】$C_2=\dfrac{1}{5}\times\left(1-\dfrac{2}{5}\right)^2=\dfrac{9}{125}=7.2\%$.

12. 【答案】B.

【解析】交叉法：
甲：100%　　25%
　　　　50%
乙：25%　　50%

$\dfrac{甲}{乙}=\dfrac{1}{2}=\dfrac{7}{x}\Rightarrow x=14$.

13. 【答案】D.

【解析】交叉法：
甲：5%　　(x−13)%
　　　　13%
乙：x%　　8%

$\dfrac{x-13}{8}=\dfrac{120}{480}=\dfrac{1}{4}\Rightarrow x=15$.

14. 【答案】B.

【解析】设 $A=\{$参加数学小组的同学$\}$，$B=\{$参加语文小组的同学$\}$，$C=\{$参加外语小组的同学$\}$，$A\cap B=\{$参加数学、语文小组的同学$\}$，$A\cap C=\{$参加数学、外语小组的同学$\}$，$B\cap C=\{$参加语文、外语小组的同学$\}$，$A\cap B\cap C=\{3$个小组都参加的同学$\}$.

由题意知：$A=23$，$B=27$，$C=18$，$A\cap B=4$，$A\cap C=7$，$B\cap C=5$，$A\cap B\cap C=2$，则 $A\cup B\cup C=A+B+C-A\cap B-A\cap C-B\cap C+A\cap B\cap C=23+27+18-(4+5+7)+2=54$.

故选 B.

15. 【答案】E.

【解析】设 $A=\{$喜欢看球赛的人$\}$，$B=\{$喜欢看戏剧的人$\}$，$C=\{$喜欢看电影的人$\}$.

依题目的条件，$A\cup B\cup C=100$，$A\cap B=6+12=18$（这里加12是因为三种都喜欢的人当然喜欢其中的两种），$B\cap C=4+12=16$，$A\cap C=12$，再设 $A\cap C=12+x$，则 $A\cup B\cup C=A+B+C-A\cap B-A\cap C-B\cap C+A\cap B\cap C$，得 $100=58+38+52-(18+16+x+12)+12$，解得 $x=14$，故 $52-12-14-4=22$. 所以，只喜欢看电影的人数为22，故选 E.

16. 【答案】D.

【解析】总数 $=\dfrac{部分量}{对应的比例}$.

由条件（1）知：一班的学生数占年级的 $\dfrac{1}{5}$，则四班的学生数占年级的 $1-\left[\dfrac{1}{5}+\dfrac{1}{5}\times\dfrac{5}{4}+\dfrac{1}{2}\times\left(\dfrac{1}{5}+\dfrac{1}{5}\times\dfrac{5}{4}\right)\right]=\dfrac{13}{40}$，则年级共有学生 $\dfrac{15}{\dfrac{13}{40}-\dfrac{1}{5}}=120$，充分.

由条件（2）知：年级共有学生 $\dfrac{39}{1-\left[\dfrac{1}{5}+\dfrac{1}{5}\times\dfrac{5}{4}+\dfrac{1}{2}\times\left(\dfrac{1}{5}+\dfrac{1}{5}\times\dfrac{5}{4}\right)\right]}=120$，充分.

17. 【答案】B.

【解析】设售出前一等品的个数为 $3a$，二等品的个数为 $5a$.

由条件(1),得 $\dfrac{3\times\dfrac{85}{100}}{5\times\dfrac{3}{4}}=\dfrac{17}{25}$,不充分;

由条件(2),得 $\dfrac{3\times\dfrac{9}{10}}{5\times\dfrac{4}{5}}=\dfrac{27}{40}$,充分.

18. 【答案】A.

【解析】条件(1),设水速为 v_1,静水中小艇速度为 v,则 $\dfrac{100}{v_1+v}=4$ 且 $\dfrac{90}{v-v_1}=6$,$v=20$,即在静水中开 120 千米需要 6 小时,充分;

条件(2),$\dfrac{100}{v_1+v}=4$ 且 $\dfrac{100}{v-v_1}=5$,所以 $v=22.5$,不充分.

19. 【答案】D.

【解析】运用交叉法,即甲溶液与乙溶液的体积比为 5:4,显然条件(1)、条件(2) 均充分.

20. 【答案】B.

【解析】由题可知条件(1) 不充分;条件(2),根据交叉法原理可知,加入 5% 食盐水的质量为 20 千克,充分.

21. 【答案】C.

【解析】交叉比例应用题.

由条件(1) 无法准确得知一班人数,由条件(2) 无法得知其他条件,所以单独都不充分,考虑联合情况.根据交叉法可知,一班与二班的人数比为 2:3,所以一班有 $75\times\dfrac{2}{5}=30$(人).

22. 【答案】C.

【解析】由题可知单独都不充分,考虑联合.当每月用水量不超过 15 立方米时,用水最多为 15 立方米,此时水费加上污水处理费为 $15\times1.8+15\times1=42$(元).

因为此用户一月份共支付水费 58.5 元,所以此用户用水量超过 15 立方米.设超过 15 立方米的用水量为 x 立方米,则 $2.3x+1x=58.5-42$,$x=5$,所以该用户总的用水量为 $15+5=20$(立方米),联合充分.

23. 【答案】D.

【解析】由条件(1) 知:当用水量为 40 吨时,水费为 $40\times1+40\times0.2=48$(元)<65(元),即一月份用水量超过 40 吨.设一月份用水量为 x 吨,则 $40\times1+(x-40)\times1.5+0.2x=65$,$x=50$,即一月份用水量为 50 吨,充分.

由条件(2)知:当每户用水超过 40 吨时,超过部分的费用为每吨 $1\times(1+50\%)=1.5$(元),与条件(1)等价,充分.

24. **【答案】**E.

    【解析】根据条件(1)可推知甲数与丙数之比为 16:21,但是因为不知道数的正负,所以并不能确定两数之大小关系(可举反例);同理,条件(2)也不充分.又两条件无法联合,故选 E.

25. **【答案】**D.

    【解析】设这个桶的容量为 a 杯,则桶中的沙子为 $\frac{3}{4}a$ 杯,据条件(1)可得 $\frac{3}{4}a+1=\frac{7}{8}a \Rightarrow a=8$,从而可以求出桶中的沙子是 6 杯;同理,条件(2)也充分.故选 D.

第三套卷解析 函数、方程与不等式

1. **【答案】**E.

   【解析】方法一 由 $f(1)=0 \Rightarrow 1+a^2+1-3a=0 \Rightarrow a^2-3a+2=0 \Rightarrow a=1$ 或 $a=2$.

   方法二 待定系数法:设商为 $x^2+mx+3a$,那么
   $$x^3+a^2x^2+x-3a=(x-1)(x^2+mx+3a)$$
   $$=x^3+(m-1)x^2+(3a-m)x-3a,$$
   通过每一项系数对应相等就可以计算出 a 的值.

2. **【答案】**C.

   【解析】取 $x=2$,$a_1+2a_2+3a_3+\cdots+na_n=(1+2)+(1+2)^2+\cdots+(1+2)^n=\frac{3^{n+1}-3}{2}$.

   [技巧] 采用特殊值法,令 $n=1$,$x=2$,有 $a_1=3$,排除选项后选 C.

3. **【答案】**B.

   【解析】方法一 利用因式定理,得 $\begin{cases} f(1)=0, \\ f(2)=0 \end{cases} \Rightarrow \begin{cases} 1+a+b-6=0, \\ 8+4a+2b-6=0, \end{cases}$ 从而计算出 a,b 后再用综合除法求出商式.

   方法二 采用待定系数法,设 $x^3+ax^2+bx-6=(x-1)(x-2)(x+m)$,根据常数项,$-6=(-1)\times(-2)\times m$,得出 $m=-3$,故选 B.

4. **【答案】**B.

   【解析】 $(a-b)^2+(b-c)^2+(c-a)^2$
   $=2(a^2+b^2+c^2)-2(ab+bc+ca)$
   $=3(a^2+b^2+c^2)-(a^2+b^2+c^2+2ab+2bc+2ca)$
   $=3(a^2+b^2+c^2)-(a+b+c)^2.$

由于 $(a+b+c)^2 \geqslant 0$，故 $3(a^2+b^2+c^2)-(a+b+c)^2 \leqslant 3(a^2+b^2+c^2)$；又因为 $a^2+b^2+c^2=9$，所以 $3(a^2+b^2+c^2)-(a+b+c)^2 \leqslant 3 \times 9 = 27$.

5. 【答案】D.

【解析】$f(x)=x^3+x^2+ax+b=(x^2-3x+2)g(x)=(x-1)(x-2)g(x)$，则
$$\begin{cases} f(1)=1+1+a+b=0, \\ f(2)=8+4+2a+b=0 \end{cases} \Rightarrow \begin{cases} a=-10, \\ b=8. \end{cases}$$

[技巧] 可以列出表达式 $f(1)=1+1+a+b=0 \Rightarrow a+b+2=0$，不用解方程组，直接验证选项可得 D 正确.

6. 【答案】E.

【解析】二项式展开 $(x^2+3x+1)^5$ 其实就是 5 个 x^2+3x+1 连续乘在一起. x^2 的系数有两种构成情况：一种是 4 个式子里选 1，另外一个式子里选 x^2；还有一种是 2 个式子里选 $3x$，3 个式子里选 1. 那么，通过组合计算可以得出它的系数是 $C_5^1 + C_5^3 3^2 = 95$，故选 E.

7. 【答案】E.

【解析】$\dfrac{x^2}{x^4+x^2+1} = \dfrac{1}{x^2+\dfrac{1}{x^2}+1} = \dfrac{1}{\left(x+\dfrac{1}{x}\right)^2-1} = \dfrac{1}{8}$.

8. 【答案】C.

【解析】$\dfrac{x+y}{x^3+y^3+x+y} = \dfrac{x+y}{(x+y)(x^2-xy+y^2)+x+y} = \dfrac{1}{6}$.

9. 【答案】E.

【解析】利润 = 收入 − 成本 = $500x - C = -\dfrac{1}{40}x^2 + 300x - 25\,000$，看成开口向下的抛物线，在对称轴 $x = 6\,000$ 时，利润最大.

10. 【答案】B.

【解析】利用逆向思维解题法，容易知道不等式 $(x+2)(x-3) \leqslant 0$ 的解集为 $[-2, 3]$，因此有 $ax^2+bx+c \geqslant 0$ 与 $(x+2)(x-3) \leqslant 0$ 等价，又 $(x+2)(x-3) \leqslant 0 \Rightarrow -x^2+x+6 \geqslant 0$，故可令 $a=-1, b=1, c=6$. 因此，所求的不等式为 $6x^2-x-1<0 \Rightarrow (2x-1)(3x+1)<0$，故解集为 $\left(-\dfrac{1}{3}, \dfrac{1}{2}\right)$，选 B.

11. 【答案】D.

【解析】利用思维解题法，令 $x^2+3x=t$，故原方程化为 $\dfrac{3}{t}=2+t \Rightarrow t=-3$ 或 1. 即 $x^2+3x+3=0$ 无实数根 $(\Delta<0)$，$x^2+3x-1=0$ 有根，由韦达定理得两根和为 -3，故所有根的和为 -3，选 D.

12. **【答案】** C.

    【解析】 由根的性质得到 $x_1^2 = 3 - x_1$, $x_2^2 = 3 - x_2$, $x_1 + x_2 = -1$, 即有
    $$x_1^3 = (3-x_1)x_1 = 3x_1 - x_1^2 = 3x_1 - (3-x_1) = 4x_1 - 3,$$
    $$x_1^3 - 4x_2^2 + 19 = 4x_1 - 3 - 4(3-x_2) + 19 = 4(x_1+x_2) + 4 = 0,$$
    故选 C.

13. **【答案】** D.

    【解析】 利用综合除法及韦达定理. 由

    $$\begin{array}{r} x^2 - x - 2 \\ x+3 \overline{\smash{)}x^3 + 2x^2 - 5x - 6} \\ \underline{x^3 + 3x^2} \\ -x^2 - 5x - 6 \\ \underline{-x^2 - 3x} \\ -2x - 6 \\ \underline{-2x - 6} \\ 0 \end{array}$$

    即 x_2, x_3 是方程 $x^2 - x - 2 = 0$ 的两个根. 由 $x_2 + x_3 = 1$, $x_2 x_3 = -2$, 则 $\dfrac{1}{x_2} + \dfrac{1}{x_3} = -\dfrac{1}{2}$, 选 D.

14. **【答案】** B.

    【解析】 利用特值法, 设方程为 $(x-1)(x-2) = 0$, 即 $x^2 - 3x + 2 = 0 \Rightarrow p = -3$, $q = 2$, 明显 B 正确.

15. **【答案】** E.

    【解析】 方法一 $x^2 + 10 \leqslant 7|x| \Rightarrow x^2 - 7|x| + 10 \leqslant 0 \Rightarrow (|x|-2)(|x|-5) \leqslant 0 \Rightarrow 2 \leqslant |x| \leqslant 5$, 则 x 的变化范围为 $x \in [-5, -2] \cup [2, 5]$.

    方法二 $x = 5$, $x = -5$, $x = 2$ 成立, $x = 0$ 不成立, 选 E.

16. **【答案】** B.

    【解析】 $(ax^2 + bx + 1)(3x^2 - 4x + 5)$ 中一次方项有 $(5b-4)x$, 三次方项有 $(3b-4a)x^3$, 则 $b = \dfrac{4}{5}$, $a = \dfrac{3}{5}$, 选 B.

17. **【答案】** D.

    【解析】 由条件 (1), 根据绝对值与偶次幂的非负性, 得方程组
    $$\begin{cases} a^2 - 2 = 0, \\ a^2 - b^2 - 1 = 0 \end{cases} \Rightarrow \begin{cases} a^2 = 2, \\ b^2 = 1 \end{cases} \Rightarrow \dfrac{a^2 - b^2}{19a^2 + 96b^2} = \dfrac{1}{134},$$ 充分; 由条件(2), 有
    $$a^2 b^2 = a^4 - 2b^4 \Rightarrow (a^2 + b^2)(a^2 - 2b^2) = 0$$

$$\Rightarrow a^2 = 2b^2 \Rightarrow \frac{a^2-b^2}{19a^2+96b^2} = \frac{1}{134},$$

也充分.

18. 【答案】A.

    【解析】条件(1)：$(a-b)^2+(b-c)^2+(c-a)^2=0 \Rightarrow a=b=c$，显然充分；

    条件(2)：$(a^3-b^3)-ab(a-b)+c^2(a-b)=0 \Rightarrow (a-b)(a^2+b^2+c^2)=0$，得 $a=b$，只能得到是等腰三角形，不充分，故选 A.

19. 【答案】C.

    【解析】条件(1)：$a=b$ 或 $c^2=a^2+b^2$，等腰或直角三角形，不充分；

    条件(2)：$c=\sqrt{2}b$，也不充分.

    联合后，得 $\begin{cases} c=\sqrt{2}b, \\ a=b \end{cases} \Rightarrow c^2=a^2+b^2$ 或 $\begin{cases} c=\sqrt{2}b, \\ c^2=a^2+b^2 \end{cases} \Rightarrow a=b.$

    该三角形一定是等腰直角三角形，所以联合后充分.

20. 【答案】A.

    【解析】题干为

    $$x-3kx^2+3k^2x^3-k^3x^4 = a_1x+a_2x^2+a_3x^3+a_4x^4$$

    $$\Rightarrow \begin{cases} a_1=1, \\ a_2=-3k, \\ a_3=3k^2, \\ a_4=-k^3, \\ a_1+a_2+a_3+a_4=(1-k)^3. \end{cases}$$

    条件(1)：$a_2=-9 \Rightarrow k=3 \Rightarrow a_1+a_2+a_3+a_4=-8$，充分；

    条件(2)：$a_3=27 \Rightarrow 3k^2=27 \Rightarrow k=\pm 3 \Rightarrow a_1+a_2+a_3+a_4=-8$ 或 64，不充分.

21. 【答案】B.

    【解析】**方法一** 设 $a_2+a_3+\cdots+a_{n-1}=t$，那么题干就成为

    $$M=(a_1+t)(t+a_n),\ N=(a_1+t+a_n)t.$$

    要证明：$M>N \Leftrightarrow (a_1+t)(t+a_n)>(a_1+t+a_n)t \Leftrightarrow a_1a_n>0$，明显条件(2)充分.

    方法二 $M-N=S_{n-1}(S_n-a_1)-S_n(S_{n-1}-a_1)=a_1a_n>0.$

22. 【答案】A.

    【解析】由条件(1)：a 是方程 $x^2-3x+1=0$ 的根，所以 $a^2+1=3a$，$a+\dfrac{1}{a}=3$，等式两边同乘以 2，得 $2a^2+2=6a$，可将公式变形为 $2a^2-6a+2=0 \Rightarrow 2a^2-5a=a-2$，故 $2a^2-5a-2+\dfrac{3}{a^2+1}=a-2-2+\dfrac{1}{a}=-1$，条件(1)充分. 条件(2)不充分.

23. **【答案】** A.

   【解析】 条件(1): $x+\dfrac{1}{x}=3 \Rightarrow x^3+\left(\dfrac{1}{x}\right)^3=\left(x+\dfrac{1}{x}\right)\left[x^2-x\cdot\dfrac{1}{x}+\left(\dfrac{1}{x}\right)^2\right]=\left(x+\dfrac{1}{x}\right)\cdot\left[\left(x+\dfrac{1}{x}\right)^2-3x\cdot\dfrac{1}{x}\right]=3\times(9-3)=18$, 充分; 条件(2): $x^2+\left(\dfrac{1}{x}\right)^2=7 \Rightarrow \left(x+\dfrac{1}{x}\right)^2-2=7 \Rightarrow x+\dfrac{1}{x}=\pm 3$, 不充分.

24. **【答案】** B.

   【解析】 条件(1): 只需先取 $p=-1$, $q=2$, 题干为 $\dfrac{-1}{2\times(-1-1)}=\dfrac{1}{4}$, 再取 $p=2$, $q=-1$, 题干为 $\dfrac{2}{(-1)\times(2-1)}=-2$, 显然不充分;

   条件(2): $\dfrac{1}{p}+\dfrac{1}{q}=1 \Rightarrow p+q=pq$, 题干即为 $\dfrac{p}{q(p-1)}=\dfrac{p}{pq-q}=\dfrac{p}{p+q-q}=1$, 充分.

25. **【答案】** D.

   【解析】 设函数 $f(x)=x^2+ax+b$ 与 x 轴的两个交点坐标分别为 $(x_1,0)$, $(x_2,0)$, 那么 $f(x)=(x-x_1)(x-x_2)$, 即 $f(1)=(1-x_1)(1-x_2)$.

   条件(1): $0 \leqslant x_1 \leqslant 1$, $0 \leqslant x_2 \leqslant 1 \Rightarrow 0 \leqslant 1-x_1 \leqslant 1$, $0 \leqslant 1-x_2 \leqslant 1 \Rightarrow 0 \leqslant f(1) \leqslant 1$, 充分;

   条件(2): $1 \leqslant x_1 \leqslant 2$, $1 \leqslant x_2 \leqslant 2 \Rightarrow -1 \leqslant 1-x_1 \leqslant 0$, $-1 \leqslant 1-x_2 \leqslant 0 \Rightarrow 0 \leqslant f(1) \leqslant 1$, 充分.

第四套卷解析 平面几何与立体几何

1. **【答案】** B.

   【解析】 利用勾股数 $(7,24,25)$, 由 $OB=0.7$ 米, $AB=2.5$ 米 $\Rightarrow AO=2.4$ 米; 又 $AC=0.4$ 米, 可知 $OC=2$ 米. 利用勾股数 $(3,4,5)$, 由 $OC=2$ 米, $CD=2.5$ 米 $\Rightarrow OD=1.5$ 米. 因此, 有 $BD=1.5-0.7=0.8$ (米).

2. **【答案】** C.

   【解析】 根据三角形性质, 可设 $\angle A=x$, 则有 $\angle FEA=\angle A=x \Rightarrow \angle EFD=2x$, $\angle FDE=2x \Rightarrow \angle DEC=3x$, $\angle DCE=3x \Rightarrow \angle CDB=4x$, $\angle DBC=4x$. 又根据三角形内角和, 得到

   $$\angle A+\angle DBC=90°=\dfrac{\pi}{2} \Rightarrow 5x=\dfrac{\pi}{2} \Rightarrow x=\dfrac{\pi}{10}.$$

3. **【答案】** A.

【解析】中间两个三角形相似,从而两组相对应的直角边成比例,得到 $\dfrac{c}{a-c}=\dfrac{a-b}{b}\Rightarrow a=b+c$.

4. 【答案】C.

   【解析】**方法一** 利用思维解题法,设 $AB=b$,$AD=a$,则 $BE=\dfrac{4}{b}$,$EC=a-\dfrac{4}{b}$,$DF=\dfrac{8}{a}$,$FC=b-\dfrac{8}{a}$.所以,由 $EC\cdot FC=6\Rightarrow ab+\dfrac{32}{ab}=18\Rightarrow ab=16(2\text{舍去})\Rightarrow S_{\triangle AEF}=ab-9=7$.

   方法二 特值法:令 $AB=4$,$BE=1$,$EC=3$,$DF=2$,$S_{\triangle AEF}=4\times 4-2-3-4=7$.

5. 【答案】E.

   【解析】**方法一** 由题意知,小正方形的白黑之比为 1∶3,大正方形的白黑之比为 1∶6,故小、大正方形阴影部分面积之比为 3∶6=1∶2.

   方法二 利用特值法,令 $S_{白}=1$.又由题意得 $S_{白}=\dfrac{1}{4}S_{小}$,$S_{白}=\dfrac{1}{7}S_{大}$,则 $S_{小}=4$,$S_{大}=7$,故 $S_{小阴影}:S_{大阴影}=3:6=1:2$.

6. 【答案】B.

   【解析】$\angle CAO=\angle ACO=\dfrac{\pi}{6}\Rightarrow\angle BOC=\dfrac{\pi}{3}$,因此弧 BC 的长度为:$\dfrac{\frac{\pi}{3}}{2\pi}\times 2\pi r=\dfrac{1}{6}\times 2\pi\times 3=\pi$.

7. 【答案】D.

   【解析】设正方体的边长为 a,内切球的直径为 d,外接球的直径为 D,则有 $a=d$,$\sqrt{3}a=D$,因此两个球的体积比为 $\dfrac{4}{3}\pi\left(\dfrac{d}{2}\right)^3:\dfrac{4}{3}\pi\left(\dfrac{D}{2}\right)^3=d^3:D^3=a^3:(\sqrt{3}a)^3=1:3\sqrt{3}$,选 D.

8. 【答案】D.

   【解析】设长、宽、高分别为 a,b,c,由题意得到 $a:b=2:1$,$b:c=3:2\Rightarrow a:b:c=6:3:2$,可设 $a:b:c=6k:3k:2k$,即有棱长和为 $4(6k+3k+2k)=44k=220\Rightarrow k=5$,即有 $a=30$,$b=15$,$c=10$,因此 $V=abc=4\,500$,选 D.

9. 【答案】B.

   【解析】如图 4.17 所示,设 BC 边中点为 D,AC 边中点为 E,连接 DE,则 $DE=\dfrac{1}{2}AB=\dfrac{5}{2}$,$AE=\dfrac{1}{2}AC=\dfrac{3}{2}$.在 $\triangle ADE$ 中,根据三边的

图 4.17

关系得到 $DE-AE<AD<DE+AE$,所以 $1<AD<4$.

10. 【答案】B.

    【解析】方法一 $S_{\triangle AEC}=S_{\triangle DEC}=S_{\triangle BED}\Rightarrow S_{\triangle BED}=\frac{1}{3}$,$S_{\triangle BED}=S_{\triangle CED}\Rightarrow BD=\frac{1}{2}BC$,

    即 $S_{\triangle ABD}=\frac{1}{2}$,从而 $S_{\triangle AED}=S_{\triangle ABD}-S_{\triangle BED}=\frac{1}{2}-\frac{1}{3}=\frac{1}{6}$.

    方法二 $S_{\triangle AED}=S_{AEDC}-S_{\triangle ACD}=S_{\triangle CDE}+S_{\triangle ACE}-S_{\triangle ACD}=\frac{1}{3}+\frac{1}{3}-\frac{1}{2}=\frac{1}{6}$.

    本题用到了共用顶点三角形的高相等,面积之比等于底边之比这一结论.

11. 【答案】C.

    【解析】设矩形的一边为 r,则另一边为 $1-r$,则

    $$V=\pi r^2\cdot(1-r)=4\pi\frac{r}{2}\cdot\frac{r}{2}\cdot(1-r)$$
    $$\leqslant 4\pi\left[\frac{\frac{r}{2}+\frac{r}{2}+(1-r)}{3}\right]^3=\frac{4}{27}\pi,$$

    当且仅当 $\frac{r}{2}=1-r$ 即 $r=\frac{2}{3}$ 时柱体体积最大,此时有矩形面积为 $S=\frac{2}{3}\times\frac{1}{3}=\frac{2}{9}$,选 C.

12. 【答案】B.

    【解析】利用思维解题法,连接 AC,则有 $S_{阴影}=S_{扇形ABD}-S_{Rt\triangle ABC}$. 其中,$S_{扇形ABD}=\frac{45}{360}\pi(10)^2=\frac{25}{2}\pi$,$S_{Rt\triangle ABC}=\frac{1}{2}\times10\times5=25$,则有 $S_{阴影}=25\left(\frac{\pi}{2}-1\right)$.

13. 【答案】A.

    【解析】沿 BB_1 剪开,然后平铺展开,如图 4.18 所示.连接 DC_1 交 AA_1 于点 M,则 DC_1 就是由顶点 B 沿棱柱侧面经过 AA_1 到顶点 C_1 的最短路线,其长为 $\sqrt{DC^2+CC_1^2}=\sqrt{6^2+2^2}=2\sqrt{10}$.

    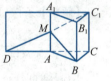

    图 4.18

14. 【答案】E.

    【解析】设弧 AC 所在圆的半径为 R,则有 $S_x=\frac{1}{4}\pi R^2-2\times\frac{1}{2}\pi\left(\frac{R}{2}\right)^2+S_y\Rightarrow S_x=S_y$.

15. 【答案】B.

    【解析】因 D,E,F 均为中点,则有 $DE=\frac{1}{2}BC=4$,$EF=\frac{1}{2}AD=\frac{1}{2}\times\frac{1}{2}AC=2.5$,

    且 $DE\parallel BC$,$EF\parallel AC$,则 $DE\perp EF$,因此 $S_{\triangle DEF}=\frac{1}{2}\times DE\times EF=\frac{1}{2}\times4\times2.5=5$.

16. 【答案】D.

    【解析】在条件(1)下:因 $BD=2AD$,即有 $AD:AB=1:3$,又根据经验公式法得到三角形的面积比等于相似比的平方,可得 $S_{\triangle ADE}:S_{\triangle ABC}=1:9$,条件满足结论,条件(1)充分;

    在条件(2)下:因 $S_{\triangle EFC}=3S_{\triangle DEF}$,又因两三角形等高,即有面积比等于底边比,即有 $DF:FC=1:3$,又 $ED\parallel BC\Rightarrow DE:BC=1:3$,同样 $\Rightarrow S_{\triangle ADE}:S_{\triangle ABC}=1:9$,条件满足结论,条件(2)充分.

17. 【答案】D.

    【解析】由条件(1),根据梯形的蝶形定理得到:△COD 的面积为 15,△AOD 的面积为 5,△BOC 的面积为 45,从而梯形 ABCD 的面积为 $15+15+5+45=80$,充分.同理,条件(2)也充分.

18. 【答案】D.

    【解析】先求长方体游泳池的表面积,注意只需要在 5 个面抹水泥,顶面不用抹水泥,即需要抹水泥的面积为 $50\times30+50\times3\times2+30\times3\times2=1\,500+300+180=1\,980$(平方米).

    在条件(1)下:$11\times1\,980=21\,780$(千克)$=21.78$(吨)<22(吨),条件(1)充分;

    明显条件(2)也充分.

19. 【答案】A.

    【解析】利用经验公式法,在条件(1)下,设两对角线长分别为 $2x,2y$,则有 $x^2+y^2=16$,因此有 $S=(2x)^2+(2y)^2=64$;在条件(2)下有 $S=6\times\dfrac{1}{2}\times2\times2\times\dfrac{\sqrt{3}}{2}=6\sqrt{3}$.

20. 【答案】C.

    【解析】条件(1)与(2)明显单独不充分,则考虑联立. $x^2+2ax+b^2=x^2+2cx-b^2\Rightarrow x=\dfrac{b^2}{c-a}$,代入方程有 $\dfrac{b^4}{(c-a)^2}+2a\dfrac{b^2}{c-a}+b^2=0\Rightarrow b^2+c^2=a^2$,满足勾股定理,因此满足结论,联立充分.

21. 【答案】B.

    【解析】条件(1):$S=\dfrac{1}{2}AB\times h\neq\dfrac{1}{2}(AB+2)\times(h-2)$,不充分;

    条件(2):$S=\dfrac{1}{2}\times(2\times AB)\times h(1-0.5)=\dfrac{1}{2}AB\times h$,充分.所以选 B.

22. 【答案】B.

    【解析】根据直角三角形的射影定理:

    在条件(1)下有 $AB^2=AD\cdot AC=12\times25\Rightarrow AB=5\sqrt{12}$,条件(1)不充分;

    在条件(2)下有 $AB^2=AD\cdot AC=13\times25\Rightarrow AB=5\sqrt{13}$,条件(2)充分.

23. 【答案】D.

【解析】$S=\frac{1}{2}a \cdot h_a=\frac{1}{2}b \cdot h_b=\frac{1}{2}c \cdot h_c \Rightarrow a:b:c=\frac{1}{h_a}:\frac{1}{h_b}:\frac{1}{h_c}$，由条件(1)可以得到三边比例为 $a:b:c=\frac{1}{\sqrt{2}}:\frac{1}{\sqrt{3}}:\frac{1}{\sqrt{6}}=\sqrt{3}:\sqrt{2}:1$，满足勾股定理，从而是直角三角形，充分；

同理条件(2)也充分.

24. 【答案】A.

【解析】根据条件(1)，阴影面积 $=2\left(\frac{1}{4}\text{圆面积}-\text{小直角三角形面积}\right)=2\left(\frac{\pi}{4}r^2-\frac{1}{4}r^2\right)=50(\pi-1)$，条件(1)充分；同理可知，条件(2)不充分.

25. 【答案】D.

【解析】显然两个条件等价，只需判断其中一个就可以了.

条件(1)：$S_{\text{阴影}}=S_{\text{大三角形}}-3S_{\text{扇形}}=\frac{\sqrt{3}}{4}\times 16^2-3\times\frac{1}{6}\pi\times 8^2=64\sqrt{3}-32\pi$，充分；

条件(2)也充分.

第五套卷解析　数列

1. 【答案】A.

【解析】特殊值法，当 $n=1$ 时，$a_1=1$，代入选项只有 A 满足.

2. 【答案】D.

【解析】特殊值法，容易算出 $a_1=5,a_2=2,a_3=4$，显然既非等差数列又非等比数列.

3. 【答案】A.

【解析】根据前 n 项和的定义，$a_4=S_4-S_3=\frac{1}{30}$.

4. 【答案】E.

【解析】$a_3+a_{23}+a_{33}+a_{63}=2(a_1+a_{60})$，则 $S_{60}=\frac{60(a_1+a_{60})}{2}=30\times 80=2\,400$.

5. 【答案】D.

【解析】$\{a_n\}$ 是等差数列，则 $S_m, S_{2m}-S_m, S_{3m}-S_{2m}, S_{4m}-S_{3m}$ 成等差数列 $\Rightarrow 2(S_{2m}-S_m)=S_m+S_{3m}-S_{2m} \Rightarrow 140=30+S_{3m}-100 \Rightarrow S_{3m}=210$；同理，$S_{4m}=360$.

6. 【答案】B.

【解析】已知 $\begin{cases}2b=a+c,\\ c^2=ab\end{cases} \Rightarrow a^2+4b^2-5ab=0 \Rightarrow (a-4b)(a-b)=0$，因为 a,b,c 为

3 个不同的非零实数,则 $\dfrac{a}{b}=4$.

7. 【答案】C.

   【解析】由题得 $3+3q+3q^2=21$,则 $q=2$,$q=-3$(舍). 即数列为 3,6,12,24,48,$\cdots$,则 $a_3+a_4+a_5=84$.

8. 【答案】A.

   【解析】利用角标性质,$a_7+a_9=a_4+a_{12}$,得 $a_{12}=15$.

9. 【答案】C.

   【解析】由 $a_1+a_2+a_3+\cdots+a_{101}=0$,$S_{101}=\dfrac{(a_1+a_{101})\cdot 101}{2}=0$,则 $a_1+a_{101}=0$,由角标性质得 $a_3+a_{99}=0$.

10. 【答案】B.

    【解析】**方法一** 用分段性质:S_n,$S_{2n}-S_n$,$S_{3n}-S_{2n}$,$\cdots$ 成等差数列求解,$S_n=10$,$S_{2n}-S_n=20$,则 $S_{3n}-S_{2n}=30$,故 $S_{3n}=60$.

    方法二 特殊值法,令 $n=1$ 代入求解.

11. 【答案】D.

    【解析】$\begin{cases} a_1 a_9=a_3 a_7=64, \\ a_3+a_7=20, \\ a_7>a_3 \end{cases} \Rightarrow \begin{cases} a_3=4, \\ a_7=16, \end{cases}$ 则 $q^{7-3}=\dfrac{a_7}{a_3}=4$,即 $q^4=4$. 所以,$a_{15}=a_3 q^{15-3}=4\times 4^3=256$.

12. 【答案】D.

    【解析】$\begin{cases} a_5+b_3=13, \\ a_3+b_5=21 \end{cases} \Rightarrow \begin{cases} a_1+4d+b_1 q^2=13, \\ a_1+2d+b_1 q^4=21 \end{cases} \Rightarrow 2q^4-q^2-28=0$. 因为 $\{b_n\}$ 是各项都为正数的等比数列,则 $q=2 \Rightarrow d=2 \Rightarrow a_n=1+2(n-1)=2n-1$,$b_n=2^{n-1} \Rightarrow \dfrac{a_n}{b_n}=\dfrac{2n-1}{2^{n-1}}$,选 D.

13. 【答案】A.

    【解析】$S_3=S_{10} \Rightarrow \dfrac{3(a_1+a_3)}{2}=\dfrac{10(a_1+a_{10})}{2} \Rightarrow 6a_1+6d=20a_1+90d \Rightarrow a_1=-6d \Rightarrow a_2=a_1+d=-5d \Rightarrow a_1=\dfrac{6}{5}a_2$.

14. 【答案】B.

    【解析】根据题干得 $\begin{cases} a_1+a_2+a_3=7, \\ a_2^2=a_1 a_3, \\ 6a_2=a_1+3+a_3+4, \end{cases}$ 因为 $q>1 \Rightarrow a_1=1$,$a_2=2$,$a_3=$

$4 \Rightarrow a_n = 2^{n-1}$.

15. 【答案】B.

【解析】该数列有 1 个 1,2 个 2,3 个 3……$\Rightarrow 1+2+3+\cdots+n \geqslant 1\,000 \Rightarrow n(n+1) \geqslant 2\,000$,满足这个不等式的最小解是 $45 \times 46 \geqslant 2\,000 \Rightarrow n=45$,故该数列的第 1 000 项是 45.

16. 【答案】A.

【解析】条件(1):$a_n \geqslant a_{n+1}$,$n=1,2,3,\cdots,9$,故 $(a_1-a_2)+(a_3-a_4)+\cdots+(a_9-a_{10}) \geqslant 0$,充分;条件(2):$a_n^2 \geqslant a_{n+1}^2$,$n=1,2,3,\cdots,9$,因为每一项可正可负,所以结果不确定,不充分.

17. 【答案】C.

【解析】条件(1) 给出了递推公式,但是没有给出初始值,所以不能确定数列的通项;条件(2) 仅给出了一项的值,不能确定整个通项;条件(1) 与(2) 联合则可以给出通项公式.故选 C.

18. 【答案】D.

【解析】条件(1) 成立时,$a_1 = \dfrac{1}{2}$,$a_2 = \dfrac{1}{4}$;条件(2) 成立时,$a_1 = \dfrac{1}{2}$,$a_2 = \dfrac{1}{4}$;条件(1),(2) 单独都成立,故选 D.

19. 【答案】B.

【解析】假设(1) 成立,有两个相等实数根,则 $\Delta = (2b)^2 - 4ac = 0$,而且 $a \neq 0$,所以 $b^2 = ac$,但是如果 $b=c=0$,则不是等比数列,所以条件(1) 不充分;条件(2) 中 $\lg a$,$\lg b$,$\lg c$ 成等差数列,则 $2\lg b = \lg a + \lg c \Rightarrow b^2 = ac(b \neq 0)$,所以 a,b,c 成等比数列,所以条件(2) 充分.故选 B.

20. 【答案】E.

【解析】特值法验证:条件(1) 取 $a=b=1$,则满足条件,但是 $\dfrac{a+b}{a^2+b^2} = 1$,不充分;条件(2) 取 $a=b=1$,则满足条件,但是 $\dfrac{a+b}{a^2+b^2} = 1$,不充分;联合同样取 $a=b=1$,不充分.故选 E.

21. 【答案】C.

【解析】显然,条件(1),(2) 单独不充分;(1),(2) 联合可知在等差数列 $\{a_n\}$ 中,$a_2 = 4$,$a_3 = 6 \Rightarrow d = 2$,所以 $a_n = 2n$,充分.

22. 【答案】B.

【解析】条件(1) 当 $a=1$ 时,代入计算知不充分;条件(2) 当 $a=0$ 时,代入解得 $x=-1$,$y=1$,$z=3$,充分.故选 B.

23. 【答案】C.

【解析】单独都不充分.联合:正项等比数列中,递增等比数列公比一定 $q > 1$,充分.故选 C.

24. 【答案】D.

    【解析】条件(1)：$c_{n+1} - pc_n = 2^{n+1} + 3^{n+1} - 2(2^n + 3^n) = 3^{n+1} - 2 \cdot 3^n = 3^n$，充分；

    条件(2)：$c_{n+1} - pc_n = 2^{n+1} + 3^{n+1} - 3(2^n + 3^n) = 2^{n+1} - 3 \cdot 2^n = -2^n$，充分.故选 D.

25. 【答案】B.

    【解析】$a_7 + a_8 + a_9 > 0 \Rightarrow a_8 > 0$，$a_7 + a_{10} = a_8 + a_9 < 0$.所以 $a_9 < 0$，所以 S_8 最大.

第六套卷解析 解析几何

1. 【答案】A.

   【解析】点 C 是线段 AB 的中点，根据中点坐标公式

   $\begin{cases} 1 = \dfrac{1}{2}(x-2), \\ 1 = \dfrac{1}{2}(5+y) \end{cases} \Rightarrow \begin{cases} x = 4, \\ y = -3, \end{cases}$ 故选 A.

2. 【答案】D.

   【解析】设点 B 坐标为 (x, x)，根据题意有 $\sqrt{(x+4)^2 + (x-8)^2} = 12$，解得 $x = -4$ 或 $x = 8$，故选 D.

3. 【答案】A.

   【解析】直线 MN 的方程为 $y + 5 = \dfrac{2+5}{1+1}(x+1)$，即 $7x - 2y - 3 = 0$.故点 C 到直线 MN

   的距离为 $d = \dfrac{|7 \times 2 + 2 \times 3 - 3|}{\sqrt{7^2 + (-2)^2}} = \dfrac{17\sqrt{53}}{53}$，故选 A.

4. 【答案】B.

   【解析】$x^2 + y^2 + 4mx - 2y + 5m = 0 \Rightarrow (x+2m)^2 + (y-1)^2 = 4m^2 - 5m + 1$，只要

   $4m^2 - 5m + 1 > 0$ 即可，即 $m < \dfrac{1}{4}$ 或 $m > 1$，故选 B.

5. 【答案】C.

   【解析】曲线可以化成 $\pm x \pm y = 1$，围成一个边长为 $\sqrt{2}$ 的正方形，故面积为 $(\sqrt{2})^2 = 2$，故选 C.

6. 【答案】C.

   【解析】$x = 0, y = \pm 2$；$x = \pm 4, y = 0$ 四个点连线，此图形是个菱形，面积为 $S = \dfrac{2 \times 4^2}{|1 \times 2|} = 16$，故选 C.

7. 【答案】E.

【解析】$|x|\cdot|y|-|x|-|y|+1=(|x|-1)(|y|-1)=0$,解得 $x=\pm1, y=\pm1$,所围图形为由直线 $x=1, x=-1, y=1, y=-1$ 围成的区域,其面积是4,故选 E.

8. 【答案】B.

【解析】斜率为 -1 的有一条;截距为0,即过原点的有一条,一共2条,故选 B.

注:截距有正负之分.

9. 【答案】C.

【解析】由于平行四边形对边相互平行,故 AC 的斜率等于 OB 的斜率,为 -1;又 AC 经过点 A,故 AC 的直线方程为 $y=-x-2$,故选 C.

10. 【答案】D.

【解析】利用平行线间距离公式,有 $\frac{|c-1|}{\sqrt{2^2+1}}=\frac{1}{\sqrt{5}}$,所以 $c=2$ 或 $c=0$,得到直线 $2x+y=0$ 及 $2x+y+2=0$,故选 D.

11. 【答案】D.

【解析】**方法一** 根据题意,可以设圆的圆心是 $(3y_0, y_0)$,半径是 r,圆心到直线 $y=x$ 的距离为 d,则有 $\begin{cases} r=3|y_0|, \\ d=\frac{|3y_0-y_0|}{\sqrt{2}}, \\ r^2-d^2=(\sqrt{7})^2 \end{cases} \Rightarrow \begin{cases} r=3, \\ y_0=1 \end{cases}$ 或 $\begin{cases} r=3, \\ y_0=-1 \end{cases}$,所以圆方程为 $(x+3)^2+(y+1)^2=9$ 或 $(x-3)^2+(y-1)^2=9$,故选 D.

方法二 也可用排除法,更方便.

12. 【答案】C.

【解析】**方法一** 根据题意,直线应为 $y=kx+2k$,与圆有两个交点,那么方程 $x^2+(kx+2k)^2=2x$,即 $(k^2+1)x^2+(4k^2-2)x+4k^2=0$ 有两个不同的实数根,则有 $4(2k^2-1)^2-4\times4k^2(k^2+1)=4(1-8k^2)>0$,解得 $-\frac{\sqrt{2}}{4}<k<\frac{\sqrt{2}}{4}$,故选 C.

方法二 数形结合,相切切点、圆心、点 $(-2, 0)$ 构成直角三角形,$\mathrm{tg}\,\theta=\frac{对边}{邻边}=\frac{1}{2\sqrt{2}}=\frac{\sqrt{2}}{4}$.

13. 【答案】C.

【解析】$\begin{cases} x^2+y^2-4x+6y+8=0, \\ x^2+y^2-2x+2y-1=0, \end{cases}$ 两式相减得 $-2x+4y+9=0$,故选 C.

14. 【答案】D.

【解析】**方法一** 设 $P'(x, y)$,则根据点的轴对称规律,有

$$\begin{cases} 3\times\dfrac{x-3}{2}+4\times\dfrac{y-1}{2}-12=0, \\ \dfrac{y+1}{x+3}\times\left(-\dfrac{3}{4}\right)=-1 \end{cases} \Rightarrow \begin{cases} x=3, \\ y=7, \end{cases}$$

所以 $P'(3,7)$,故选 D.

方法二 该题用代入排除更好,根据中点、斜率进行排除.

15. 【答案】A.

【解析】**方法一** 设 $A'(x_0,y_0)$,则根据点的轴对称规律,有

$$\begin{cases} \dfrac{1+x_0}{2}+\dfrac{y_0-1}{2}=1, \\ (-1)\dfrac{y_0+1}{x_0-1}=-1 \end{cases} \Rightarrow \begin{cases} x_0=2, \\ y_0=0. \end{cases}$$ 故选 A.

方法二 该题用 x,y 互换法更好.

16. 【答案】D.

【解析】条件(1) 中,直线为 $9x-4y=0$,两点到直线的距离之比为分子之比,即 $\dfrac{|27-16|}{|18+4|}=\dfrac{11}{22}=\dfrac{1}{2}$,充分;同理条件(2) 中,直线为 $7x-8y=0$,距离之比为 $\dfrac{|21-32|}{|14+8|}=\dfrac{11}{22}=\dfrac{1}{2}$,充分,故选 D.

17. 【答案】A.

【解析】条件(1):由 $bc<0$ 可知 $b\neq 0$,有 $y=-\dfrac{a}{b}x+\dfrac{-c}{b}$,$-\dfrac{a}{b}\leqslant 0$,$\dfrac{-c}{b}>0$,无论 a 是否等于零,都不过第三象限,充分;同理,条件(2):$-\dfrac{a}{b}<0$,$c<0$,而 $\dfrac{-c}{b}$ 不确定,不充分,故选 A.

18. 【答案】E.

【解析】若方程与 x 轴相切,则方程必为圆,即 $a^2+b^2-4c>0$.其与 x 轴相切,故 $\dfrac{|b|}{2}=\dfrac{\sqrt{a^2+b^2-4c}}{2}\Rightarrow a^2=4c$.若已知 c 的值,a 可能会有两个不同的值,故条件(1) 不充分.显然 a 与 b 无关,故条件(2) 也不充分.联合与条件(1) 相同,也不充分.

19. 【答案】B.

【解析】条件(1):两圆圆心分别为 $(2,-3)$ 与 $(3,0)$,又因为经过圆心,所以,利用点斜式可求得 $y-0=3(x-3)\Rightarrow y=3x-9$,或将两圆心坐标代入直线方程验证,条件(1) 不充分;条件(2):设 $C(x_1,y_1)$,$G(x_0,y_0)$,则 $\begin{cases} x_0=\dfrac{-2+2+x_1}{3}, \\ y_0=\dfrac{1-1+y_1}{3} \end{cases} \Rightarrow \begin{cases} x_1=3x_0, \\ y_1=3y_0, \end{cases}$ 故

$2(3x_0)-3(3y_0)+15=0$,所以直线的方程为 $2x-3y+5=0$,条件(2)充分.故选 B.

20. 【答案】D.

    【解析】**方法一** 根据相交条件:$d<r$,即 $d=\dfrac{|3\lambda|}{\sqrt{(1+2\lambda)^2+(1-\lambda)^2}}<2$,整理得到

    $11\lambda^2+8\lambda+8>0$,对于任意 λ 恒成立,故选 D.

    方法二 直线方程转换为 $\lambda(2x-y-3)+(x+y-3)=0$,

    $\begin{cases} 2x-y-3=0, \\ x+y-3=0 \end{cases} \Rightarrow \begin{cases} x=2, \\ y=1, \end{cases}$ 点 $(2,1)$ 代入圆方程,$(2-1)^2+(1-2)^2<4$,总在圆内,

    λ 可为任意实数.

21. 【答案】E.

    【解析】$C_2:(x-3)^2+(y-4)^2=25$,$O_1O_2=\dfrac{5}{2}$,故当 $0<r<\dfrac{5}{2}$ 时,C_1 在 C_2 内部;

    当 $r>\dfrac{15}{2}$ 时,C_2 在 C_1 内部;均不充分,故选 E.

22. 【答案】B.

    【解析】两个圆有 4 条公切线,即为两个圆相离,则 $d>r_1+r_2$,

    $\sqrt{(2-a)^2+(b-1)^2}>7\Rightarrow(2-a)^2+(b-1)^2>49$.故选 B.

23. 【答案】D.

    【解析】直接将(1),(2)的条件分别代入,均可以判断两直线相互垂直($k_1k_2=-1$),故选 D.

24. 【答案】B.

    【解析】本题考查直线方程的性质.由(1)得到面积 $S=\dfrac{1}{2}\times\dfrac{10}{3}\times\dfrac{5}{2}=\dfrac{25}{6}$;由(2)得到面

    积 $S=\dfrac{1}{2}\times 3\times\dfrac{9}{2}=\dfrac{27}{4}$,故选 B.

25. 【答案】B.

    【解析】$x^2+y^2-2x-4y=0$ 化为标准方程为 $(x-1)^2+(y-2)^2=5$,得到圆心坐标

    为 $(1,2)$,根据点到直线距离公式有 $d=\dfrac{|1-2+a|}{\sqrt{1+1}}=\dfrac{\sqrt{2}}{2}$,$|a-1|=1$,解得 $a=0$

    或 $a=2$,故条件(2)充分,选 B.

第七套卷解析 排列组合

1. 【答案】D.

    【解析】先不考虑附加条件,从 7 名学生中选出 4 名共有 C_7^4 种选法,其中不符合条件的

103

是选出的 4 人都是男生,即 C_4^4 种.所以,符合条件的选法是 $35-1=34$(种).故选 D.

2. 【答案】B.

   【解析】甲入乙没入 C_7^2;甲没入乙入 C_7^2;甲、乙都入 C_7^1.故选 B.

3. 【答案】B.

   【解析】间接法,总情况减去来自相同委员会的情况:$C_9^2-C_2^2-C_3^2-C_4^2=26$.故选 B.

4. 【答案】A.

   【解析】按构成矩形的过程分为如下两步:第一步先在 4 条平行线中任取 2 条,有 C_4^2 种取法;第二步再在 5 条平行线中任取 2 条,有 C_5^2 种取法.这样取出的 4 条直线构成一个矩形,根据乘法原理,构成的矩形共有 $C_4^2 C_5^2=60$(种).故选 A.

5. 【答案】E.

   【解析】按含红球个数分类,则 4 红 1 白 $C_4^4 C_6^1$、3 红 2 白 $C_4^3 C_6^2$、2 红 3 白 $C_4^2 C_6^3$.故选 E.

6. 【答案】C.

   【解析】两次之和为奇数,这可分为两种情况:第一次为奇数,第二次为偶数时,有 $3 \times 3=9$(种);第一次为偶数,第二次为奇数时,有 $3 \times 3=9$(种).因此共有 18 种,故选 C.

7. 【答案】D.

   【解析】从特殊位置考虑:$C_6^1 C_6^1 4!=2\,160$.故选 D.

8. 【答案】B.

   【解析】5 人只会唱歌,2 人只会跳舞,3 人什么都会,所以分三类进行.第一类:会唱歌的 2 人来自只会唱歌 $C_5^2 C_5^2$;第二类:会唱歌的 2 人一个来自只会唱歌、一个来自全能 $C_5^1 C_3^1 C_4^2$;第三类:会唱歌的 2 人来自全能 $C_3^2 C_3^2$.故选 B.

9. 【答案】E.

   【解析】从反面计算,反面情况表示全是英语或者全是法语,则 $C_8^3-C_4^3-C_3^3=56-4-1=51$.故选 E.

10. 【答案】A.

    【解析】相邻间捆绑法,先将甲、乙打包 P_2^2,然后将包与剩余元素排列 $P_2^2 P_6^6$.故选 A.

11. 【答案】D.

    【解析】先将 5 对姐妹打包 $P_2^2 P_2^2 P_2^2 P_2^2 P_2^2$,随后将包与剩余元素全排列 $P_2^2 P_2^2 P_2^2 P_2^2 P_2^2 P_7^7$,选 D.

12. 【答案】A.

    【解析】按要求出场顺序必须有一个小团体"女男女",因此先在 3 名男歌唱家中选 1 名(有 C_3^1 种选法)与 2 名女歌唱家组成一个团体,将这个小团体视为一个元素,与其余 2 名男歌唱家排列有 3!种排法,最后小团体内 2 名女歌唱家排列有 2!种排法,所以共有 $C_3^1 3!2!=36$(种)出场方案.

13. 【答案】C.

    【解析】不相邻问题插空法:先将 6 个歌唱节目全排列 P_6^6,然后将 4 个舞蹈节目放入歌唱节目所形成的 4 个空隙之内,再全排列 $P_6^6 P_7^4$,故选 C.

14. 【答案】B.

    【解析】先将 3,5,6,7 全排列,然后将 1,2,4 放入孔内全排列 $P_4^4 P_5^3 = P_4^4 C_5^3 P_3^3$,故选 B.

15. 【答案】D.

    【解析】对立面法,由于前排的中间 2 个位置不能坐人,所以从剩余的 11 个位置中任取 2 个位置,让甲、乙坐上,然后减去甲、乙相邻的情况即可. 甲、乙相邻必然在同排,所以如果甲、乙都在前排相邻有 4 种坐法,如果甲、乙都在后排相邻有 12 种坐法,所以总的方法数是 $P_{11}^2 - 4 - 12 = 94$. 故选 D.

16. 【答案】A.

    【解析】由条件(1),显然满足条件的有 (3,3,3),(1,4,4),(1,3,5),(2,2,5),(2,3,4)这 5 组,再考虑顺序,则有 $1 + 2 \times 3 + 2 \times 3! = 19$(种);满足条件(2)的有(1,3,3),(2,2,3),(1,1,5),(1,2,4),有 $3 \times 3 + 3! = 15$(种). 选 A.

17. 【答案】D.

    【解析】由条件(1):男生 5 人,女生 3 人,有 $C_5^2 C_3^1 3! = 180$(种),充分;由条件(2):男生 6 人,女生 2 人,有 $C_6^2 C_2^1 3! = 180$,充分. 选 D.

18. 【答案】B.

    【解析】根据题意,先从剩下的 6 个不同的字母中选出 3 个,然后进行排序,bc 看成一个整体,共有 $C_6^3 4! = 480$(种). 选 B.

19. 【答案】B.

    【解析】条件(1):$n = 2$ 时分两种情况,第一种:2 个团体节目相邻,有 $2! C_7^1$ 种;第二种:2 个团体节目不相邻,有 P_7^2 种,两种之和显然不充分.

    条件(2):$n = 3$ 时分三种情况,第一种:3 个团体节目两两都不相邻,有 P_7^3 种;第二种,3 个团体节目只有 2 个相邻,有 $3 \cdot 2! P_7^2$ 种;第三种:3 个团体节目排在一起,有 $3! C_7^1$ 种.

    最后将三种情况相加,得 504 种,充分. 选 B.

20. 【答案】A.

    【解析】条件(1):消序法,全排除去 2 个 2 顺序 P_2^2,3 个 3 顺序 P_3^3,即 $\dfrac{P_6^6}{P_2^2 P_3^3} = 60$(种),条件(1)充分;同理可以计算条件(2),为 $\dfrac{P_6^6}{P_2^2 P_2^2 P_2^2} = 90$(种),不充分. 选 A.

21. 【答案】C.

    【解析】由条件(1),1 与 5 不相邻的六位数,偶数的个数为 $C_3^1 3! P_4^2 = 216$,不充分;同理,条件(2) 也不充分;(1) 与 (2) 联合起来,偶数的个数为 $3! 3! + 3! C_3^2 2! 2! = 108$. 选 C.

22. 【答案】E.

    【解析】对于条件(1),等价于分相同小球到不同箱子模型中,满足 $x + y + z = 8(x \geqslant$

$1, y \geqslant 3, z \geqslant 0)$,则 $x+(y-2)+(z+1)=7$,共有 $C_6^2=15$(种)情况.故条件(1)不充分.

对于条件(2),等价于分相同小球到不同箱子模型中,满足 $x+y+z=9(x \geqslant 1, y \geqslant 3, z \geqslant 0)$,则 $x+(y-2)+(z+1)=8$,共有 $C_7^2=21$(种)情况.故条件(2)也不充分.选 E.

23. **【答案】** A.

 【解析】 直线过原点,显然 $C=0$,故经过原点的直线为 $P_6^2=30$(条).

24. **【答案】** E.

 【解析】 条件(1),50 张 3 元的,可以组成 50 种不同的邮资,显然不充分;条件(2),选 3 个偶数,有 $C_4^3=4$(种),选 1 个偶数、2 个奇数,有 $C_4^1C_5^2=40$(种),故 $m=44$,不充分.选 E.

25. **【答案】** D.

 【解析】 由题干及条件(1)知男生 6 人,则可得 $C_6^2C_2^1=30$,充分;条件(2),可知男生 5 人,得 $C_5^2C_3^1=30$,也充分.选 D.

第八套卷解析 概率

1. **【答案】** C.

 【解析】 记"从甲盒中任取一个螺杆是 A 型"为事件 A,$P(A)=\dfrac{160}{200}=\dfrac{4}{5}$;记"从乙盒中任取一个螺母是 A 型"为事件 B,则 $P(B)=\dfrac{180}{240}=\dfrac{3}{4}$.要配套使用,须 A,B 同时发生,故 $P(A \cdot B)=P(A) \cdot P(B)=\dfrac{4}{5} \cdot \dfrac{3}{4}=\dfrac{3}{5}$.

2. **【答案】** B.

 【解析】 所有连在一起的四位数共 6 个,商品的价格是其中一个.由于参赛者是随意猜的,因此他一次猜中商品价格的概率是 $\dfrac{1}{6}$.

3. **【答案】** E.

 【解析】 总的样本空间为 2 人各选 2 件,即 $C_4^2C_4^2$;有效的样本空间为 2 人选 1 件相同的,再各选 1 件不同的,即为 $C_4^1C_3^1C_2^1$.从而,所求概率为 $p=\dfrac{C_4^1C_3^1C_2^1}{C_4^2C_4^2}=\dfrac{2}{3}$.

4. **【答案】** E.

 【解析】 分类讨论.

 若闯 2 关成功:成成,概率 $\dfrac{1}{2} \times \dfrac{1}{2}$;

若闯 3 关成功：败成成，概率 $\dfrac{1}{2}\times\dfrac{1}{2}\times\dfrac{1}{2}$；

若闯 4 关成功：成(败)败成成，概率 $\dfrac{1}{2}\times\dfrac{1}{2}\times\dfrac{1}{2}\times\dfrac{1}{2}\times 2$；

若闯 5 关成功：败成败成成、成败败成成、败败败成成，概率 $\dfrac{1}{2}\times\dfrac{1}{2}\times\dfrac{1}{2}\times\dfrac{1}{2}\times\dfrac{1}{2}\times 3$.

故概率 $p=\dfrac{19}{32}$.

5.【答案】D.

【解析】**方法一** 乙盒中至少有 1 个红球的概率为 1 减去乙盒中没有红球的概率，计算乙盒中没有红球的概率. 分母：3 个球放入 3 个盒中，3^3；分子：2 个红球可放入甲、丙 2 个盒中，2^2，白球可随便放，C_3^1，故为 $2^2\times C_3^1$；概率为 $\dfrac{2^2\times C_3^1}{3^3}=\dfrac{4}{9}$. 所以，答案为 $1-\dfrac{4}{9}=\dfrac{5}{9}$.

方法二 用直接法，分 1 个红球与 2 个红球两种情况.

6.【答案】C.

【解析】由抓阄模型知每次取到正确密码的概率都是 $\dfrac{1}{720}$，则在前 3 次取到正确密码的概率是 $\dfrac{1}{720}+\dfrac{1}{720}+\dfrac{1}{720}=\dfrac{1}{240}$.

7.【答案】E.

【解析】分母：C_{10}^3，分子：$C_5^1 C_4^1 C_1^1$，故概率为 $\dfrac{C_5^1 C_4^1 C_1^1}{C_{10}^3}=\dfrac{1}{6}$.

8.【答案】C.

【解析】从 8 名非种子选手中选出 4 人与种子选手搭配，将其看作两个不同的小组，2 名种子选手可交换，故 $p=\dfrac{C_8^4\times 2}{C_{10}^5}=\dfrac{5}{9}$.

9.【答案】D.

【解析】冰柜里共有 32 瓶饮料，其中 17 瓶含有咖啡因，所以从冰柜里随机取一瓶饮料，该饮料含有咖啡因的概率为 $\dfrac{17}{32}$.

10.【答案】C.

【解析】将 5 个相同的球放入位于一排的 8 个格子中，共有 C_8^5 种放法，3 个空格相连的放法有 6 种，所求概率为 $\dfrac{6}{C_8^5}=\dfrac{3}{28}$.

11. 【答案】A.

【解析】将3位男生、3位女生平均分成3组的分法共有 $\dfrac{C_6^2 C_4^2}{P_3^3}=15$(种),恰好每组都有1位男生、1位女生的分法为 $\dfrac{C_3^1 C_3^1 C_2^1 C_2^1}{P_3^3}=6$(种),因此恰好每组都有1位男生、1位女生的概率是 $\dfrac{6}{15}=\dfrac{2}{5}$.

12. 【答案】E.

【解析】"至少2人在同一个房间"的反面为"3个人被分到3个不同的房间",为 $P_4^3=24$,而基本事件空间为 $4^3=64$,故所求概率为 $p=1-\dfrac{24}{64}=\dfrac{5}{8}$.

13. 【答案】D.

【解析】三位数各位数字都有5种选择,故分母:5^3;分子:数字之和等于9.列举如下:1,3,5(有6个),1,4,4(有3个),2,2,5(有3个),2,3,4(有6个),3,3,3(有1个),共有19种可能,故概率为 $\dfrac{19}{5^3}=\dfrac{19}{125}$.

14. 【答案】B.

【解析】至少有1件一等品即"并非2件都不是一等品",其概率 $p=1-\dfrac{C_6^2}{C_{10}^2}=\dfrac{2}{3}$.

[技巧] 概率题中有关"至少"问题,正确选项极有可能是另外两个选项之和,$\dfrac{2}{15}+\dfrac{8}{15}=\dfrac{2}{3}$.

15. 【答案】C.

【解析】分母:6人住4房,为 $4^6=4\,096$;分子:无空房只能1,1,1,3或1,1,2,2,先将人分组再分到4个房间中去:$\left(\dfrac{C_6^1 C_5^1 C_4^1 C_3^3}{3!}+\dfrac{C_6^1 C_5^1 C_4^2 C_2^2}{2!\times 2!}\right)\times 4!=1\,560$. 故概率为 $\dfrac{1\,560}{4\,096}$.

16. 【答案】D.

【解析】由条件(1),点数之和为5,包括:一个1点、一个4点;一个2点、一个3点.

概率 $p=2\times\left(\dfrac{1}{6}\times\dfrac{1}{6}+\dfrac{1}{6}\times\dfrac{1}{6}\right)=\dfrac{1}{9}$.

条件(2),点数之和为9,包括:一个6点、一个3点;一个5点、一个4点.

概率 $p=2\times\left(\dfrac{1}{6}\times\dfrac{1}{6}+\dfrac{1}{6}\times\dfrac{1}{6}\right)=\dfrac{1}{9}$.

17. **【答案】** A.

    【解析】 条件(1): $p = C_n^k p^k q^{n-k} = C_3^2 \left(\dfrac{1}{2}\right)^2 \dfrac{1}{2} = \dfrac{3}{8}$; 条件(2): $p = \dfrac{3}{3\times 3} = \dfrac{1}{3}$. 选 A.

18. **【答案】** C.

    【解析】 显然需要(1),(2)联立,$p = 1 - \dfrac{C_{15}^3}{C_{20}^3} = \dfrac{137}{228}$,充分. 选 C.

19. **【答案】** C.

    【解析】 设 x 表示射中的环数,则 $P(x<9) = 1 - P(x\geqslant 9) = 1 - P(x=9) - P(x=10)$.

    显然条件(1),(2)单独都不充分,联合条件(1),(2),代入上式,得 $P(x<9) = 1 - 0.24 - 0.28 = 0.48$. 选 C.

20. **【答案】** B.

    【解析】 设 $A =$ 至少有一人击中目标,$\bar{A} =$ 两人都没有击中目标,则 $P(A) = 1 - P(\bar{A})$.

    由条件(1),$P(A) = 1 - P(\bar{A}) = 1 - (1-0.6)(1-0.5) = 0.8$;

    由条件(2),$P(A) = 1 - P(\bar{A}) = 1 - (1-0.6)^2 = 0.84$.

21. **【答案】** C.

    【解析】 由题干及所给条件知,条件(1),(2)单独都不充分,联立可得所求事件的概率为 $1 - 0.25 - 0.22 = 0.53$.

22. **【答案】** A.

    【解析】 由题干及所给条件知,两条件不可能同时充分. 现考虑条件(1),可得这个篮球运动员投篮至少有1次投中的概率为 $1 - \left(\dfrac{2}{5}\right)^3 = 0.936$,充分,则可知条件(2)不充分.

23. **【答案】** B.

    【解析】 由于甲不输即为甲获胜或甲、乙和棋,根据题干可知,要求甲、乙两人下成和棋的概率,须知甲获胜的概率,再结合所给条件,知(2)充分.

24. **【答案】** E.

    【解析】 由题干及所给条件知,条件(1),(2)单独都不充分;联合得 3 名同学中既有男同学又有女同学的概率为 $\dfrac{C_5^1 C_2^2 + C_5^2 C_2^1}{C_7^3} = \dfrac{5}{7}$,也不充分. 选 E.

25. **【答案】** A.

    【解析】 根据题干,观察所给条件,知条件(1),(2)不可能同时充分,条件(1)的概率为 $\dfrac{P_8^8 \cdot 3!}{P_{10}^{10}} = \dfrac{1}{15}$,充分,从而知条件(2)不充分. 选 A.

第九套卷解析

1. **【答案】** A.

【解析】思维解题：$b=a\left(1+\dfrac{1}{2}\right)\left(1+\dfrac{1}{3}\right)\cdots\left(1+\dfrac{1}{9}\right)=a\times\dfrac{\cancel{3}}{2}\times\dfrac{\cancel{4}}{\cancel{3}}\times\dfrac{\cancel{5}}{\cancel{4}}\times\cdots\times\dfrac{\cancel{9}}{\cancel{8}}\times\dfrac{10}{\cancel{9}}=5a$. a,b 是 5 倍的关系，而 $a=\dfrac{1}{\cancel{2}}\times\dfrac{\cancel{2}}{\cancel{3}}\times\dfrac{\cancel{3}}{\cancel{4}}\times\cdots\times\dfrac{\cancel{8}}{9}=\dfrac{1}{9}$，则 $b=\dfrac{5}{9}$.

2. 【答案】C.

   【解析】利用技巧性思维解题法：
   $|x^2+4xy+5y^2|+\sqrt{z+\dfrac{1}{2}}=-2y-1\Rightarrow|x^2+4xy+4y^2|+y^2+2y+1+\sqrt{z+\dfrac{1}{2}}=0\Rightarrow(x+2y)^2+(y+1)^2+\sqrt{z+\dfrac{1}{2}}=0$. 根据平方、根式的非负性得到
   $\begin{cases}x+2y=0,\\ y+1=0,\\ z+\dfrac{1}{2}=0,\end{cases}$ 即 $x=2,y=-1,z=-\dfrac{1}{2}$，故 $(4x-10y)^z=\dfrac{\sqrt{2}}{6}$.

3. 【答案】B.

   【解析】方程式思维解题法. **方法一** 两个根为 $x_1=\sqrt{5}-2,x_2=-\sqrt{5}-2$，用韦达定理得到 $\begin{cases}m=4,\\ n=-1.\end{cases}$ 所以，$m+n=4+(-1)=3$.

   方法二 $(\sqrt{5}-2)^2+(\sqrt{5}-2)m+n=0\Rightarrow 9-2m+n-(4-m)\sqrt{5}=0\Rightarrow\begin{cases}9-2m+n=0,\\ 4-m=0,\end{cases}\Rightarrow\begin{cases}m=4,\\ n=-1.\end{cases}$ 所以，$m+n=3$.

4. 【答案】B.

   【解析】特值法：令 $x=3,y=4,z=5$，代入所求式子有
   $\dfrac{2\times 3-3\times 4+4\times 5}{5\times 3+2\times 4-7\times 5}=\dfrac{14}{-12}=-\dfrac{7}{6}$.

5. 【答案】D.

   【解析】数形结合法：在甲中铅的含量为 80%，在乙中铅的含量为 10%. 设甲、乙合金各应取 x,y 克，则可列方程 $\dfrac{x}{y}=\dfrac{0.525}{0.175}=\dfrac{3}{1}$，只有 选项 D 满足.

6. 【答案】C.

   【解析】设在搬运中打破 x 只花瓶，依题意列方程 $0.5\times(500-x)-2x=240\Rightarrow 250-0.5x-2x=240\Rightarrow 2.5x=10$，即有 $x=4$.

7. 【答案】B.

   【解析】设乙的平均速度为 x 米/秒，依题意有 $\dfrac{400\times 3}{x+3}=\dfrac{400\times 2}{x}$，解得 $x=6$(米/秒).

8. 【答案】E.

【解析】$\frac{(x-a)^2+(x+a)^2}{x}>4 \Rightarrow (x-a)^2+(x+a)^2>4x \Rightarrow x^2+a^2>2x \Rightarrow a^2>-x^2+2x=f(x)$,而 $f(x)=-x^2+2x=-(x-1)^2+1$,则 $f(x)$ 的最大值为1.那么,只要 $a^2>1$ 即可保证不等式成立,即实数 a 的取值范围是 $(-\infty,-1)\cup(1,+\infty)$.

9. 【答案】C.

【解析】有序选排列,无序选组合.7人中另外5人选出2人排在甲、乙中间有 C_5^2 种,选出的这2人有 P_2^2 种,甲、乙两人有 P_2^2;现在再把4人捆绑在一起看成一个整体,与剩下的3人排列有 P_4^4 种.因此,共有 $C_5^2 P_2^2 P_2^2 P_4^4 = 960$(种).

10. 【答案】C.

【解析】数形结合:如图9.2所示,令 $y_1=\sqrt{1-x^2}$(为圆 $x^2+y_1^2=1$ 的上半部分),$y_2=x+a$.要使 $\sqrt{1-x^2}<x+a$ 成立,易得出相切时候 $\sqrt{2}$ 为临界值,故 $a>\sqrt{2}$.

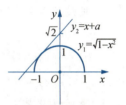

图 9.2

11. 【答案】A.

【解析】利用思维解题法:令 $a_4+a_7+a_{10}=k$,$18+k=2\times 12 \Rightarrow k=6$.

12. 【答案】B.

【解析】$P=\frac{C_7^6 P_6^6}{7^6}=\frac{P_6^6}{7^5}$.

13. 【答案】C.

【解析】由题意知,△DEF 与 △DEC 等高,因此底边比等于面积比,即有 $FE:EC=4:6=2:3$,$\frac{S_{\triangle FED}}{S_{\triangle CEB}}=\left(\frac{2}{3}\right)^2 \Rightarrow S_{\triangle CEB}=9 \Rightarrow S_{③}=(6+9)-4=11$.

14. 【答案】E.

【解析】思维解题和 △ 法:令 $y=kx$,代入圆方程有 $(k^2+1)x^2-4x+1=0$,$\Delta=16-4(k^2+1)=0 \Rightarrow k=\sqrt{3}$($-\sqrt{3}$ 舍去).

15. 【答案】C.

【解析】经验公式法:将 $(-y,-x)$ 代入圆的方程,有 $y^2+x^2+2y=0$,显然选 C.

16. 【答案】A.

【解析】特值法:(1) $\sqrt{m}=k \Rightarrow m=k^2$,显然条件(1)充分;
(2) 取 $p=2,m=8,p$ 及 p^2 都是 m 的因子,但 m 不是完全平方数.

17. 【答案】C.

【解析】明显条件(1)与(2)都不能单独使结论成立.结合(1),(2)后可知 a,b,c 中只可能是两个为负数,另一个为正数.假设 a 为正数,b,c 为负数,此时 $\frac{|b+c|}{a}+$

$\frac{|a+c|}{b}+\frac{|b+a|}{c}=\frac{|-a|}{b}+\frac{|-b|}{a}+\frac{|-c|}{c}=\frac{a}{a}+\frac{-b}{b}+\frac{-c}{c}=-1.$因此有联立充分.

18. 【答案】A.

    【解析】由(1)平底锅图像易得到 $\begin{cases} x-1 \geqslant 0, \\ x-3 \leqslant 0, \end{cases}$ 解得 $1 \leqslant x \leqslant 3$,区间在 $0 \leqslant x \leqslant 3$ 内,条件(1)充分.

    由(2),取 $x=1$,代入验证,显然(2)是不充分的.

19. 【答案】E.

    【解析】利用考试方法技巧性中的数形结合法:要满足题意,$0<x_1<1,1<x_2<2$,则设 $f(x)=3x^2+(m-5)x+m^2-m-2,f(0)>0,f(1)<0,f(2)>0,$
    $\begin{cases} f(0)=m^2-m-2>0, \\ f(1)=m^2-4<0, \\ f(2)=m^2+m>0, \end{cases}$

    最后可求得 $-2<m<-1$,即(1),(2)中的两个条件都是不充分的,且联立也是不充分的.

20. 【答案】B.

    【解析】思维解题法:由篮球、排球、足球的单价之比为 $5:3:4$,可设篮球、排球、足球的单价各为 $5x$ 元、$3x$ 元、$4x$ 元,再由买的篮球、排球、足球的个数之比为 $4:3:5$.设篮球、排球、足球各买了 $4k,3k,5k$ 个,则所有球的平均单价为 $\frac{5x \cdot 4k+3x \cdot 3k+4x \cdot 5k}{12k}=\frac{49}{12}x=147,$ 即有 $x=36.$ 因此,篮球的价格为 $5x=180,$ 则显然(2)是充分的,(1)是不充分的.

21. 【答案】A.

    【解析】思维解题法:设班长买了 10 元票价的票 x 张,买了 15 元票价的票 y 张,买了 20 元票价的票 $x+10$ 张,则由题意有 $10x+15y+20(x+10)=500 \Rightarrow 2x+y=20 \Rightarrow 2x+y+10=30,$明显(1)是充分的,那么(2)就不是充分的了.

22. 【答案】B.

    【解析】方法一　代入检验:根据等比数列前 n 项求和公式,明显公比为 1 时不充分,因此设首项为 a_1,公比为 q,$\frac{a_1(1-q^3)}{1-q}+\frac{a_1(1-q^6)}{1-q}=\frac{2a_1(1-q^9)}{1-q},$ 即为 $q^3+q^6=2q^9 \Rightarrow q^3=-\frac{1}{2}(q^3=1 \text{舍去}),$ 所以得到 $q=-\frac{\sqrt[3]{4}}{2},$ 条件(2)充分.

    方法二　逆向思维法:$q=-\frac{\sqrt[3]{4}}{2} \Rightarrow q^3=-\frac{1}{2},1+q^3=2q^6,q^3+q^6=2q^9,$满足结论.

23. 【答案】B.

【解析】(1) 利用直线平行的性质得到 $\begin{cases} 2+m=0, \\ |5-n|=2 \end{cases} \Rightarrow \begin{cases} m=-2, \\ n=3 \text{ 或 } 7, \end{cases}$ 明显条件(1)不充分;

由(2),$(1+2k)x+(2-k)y-4+7k=0$ 可化为 $(2x-y+7)k+x+2y-4=0$,令 $\begin{cases} 2x-y+7=0, \\ x+2y-4=0, \end{cases}$ 则有 $x=-2,y=3$,即为 m,n 的值,因此条件(2)单独充分.

24. 【答案】A.

【解析】由条件(1)可求得 $0.6\times 0.7+0.6\times 0.3+0.4\times 0.7=0.88$,所以(1)满足至少有一人击中目标的概率为 0.88,因此(1)是充分的;同理,推出条件(2)是不充分的.

25. 【答案】A.

【解析】对条件(1)用代入验证法:点 $A(1,0)$ 与 $A'(-1,2)$ 的中点是 $(0,1)$,在直线 $x-y+1=0$ 上,AA' 所在直线的斜率为 -1,满足,因此条件(1)充分;

对条件(2)用经验公式法:两直线垂直,则有 $A_1A_2+B_1B_2=0$,因此有 $(2+a)a+5(2+a)=0 \Rightarrow a=-2$ 或 $a=-5$,显然不充分.

第十套卷解析

1. 【答案】A.

【解析】$x:y:z=\dfrac{1}{4}:\dfrac{1}{5}:\dfrac{1}{6}=15:12:10$.设 $x=15k,y=12k,z=10k$,从而 $15k+12k+10k=74,k=2$,所以 $y=24$.

2. 【答案】B.

【解析】恰有双证的人数为 $\dfrac{130+110+90-140-30\times 3}{2}=50$.集合问题有 3 种解题方法:该题用的是关键要素法,还有集合公式法,万能法是韦恩图解题法.

3. 【答案】E.

【解析】设 A,B 两种车各用 x,y 辆,花费总金额 $z=1\,600x+2\,400y$,求 z 的最小值. 由题,约束条件为 $\begin{cases} 36x+60y\geqslant 900, \\ x\geqslant y \end{cases} \Rightarrow \begin{cases} 3x+5y\geqslant 75, \\ x\geqslant y, \end{cases}$ 解得两直线的交点为 $\left(\dfrac{75}{8},\dfrac{75}{8}\right)$,此时讨论 $x=9$ 或 10.当 $x=9$ 时,满足上述两个不等式的 y 不存在;当 $x=10,y=9$ 时,z 可取最小值,$z=37\,600$,选 E.

4. 【答案】D.

【解析】$2,3,5$ 的最小公倍数是 30,则下一次三项工作集中在同一天完成是在 30 天之后,而 $30\div 7=4\cdots\cdots 2$.余数是 2,故下次三项工作集中在同一天完成是在星期五.

5. 【答案】B.

【解析】由题意得甲船速+水速=$\frac{360}{10}$=36(千米/小时)，甲船速-水速=$\frac{360}{18}$=20(千米/小时)，所以水速为$\frac{36-20}{2}$=8(千米/小时)；又因为乙船速-水速=$\frac{360}{15}$(千米/小时)，所以乙船速为$\frac{360}{15}$+8=32(千米/小时)；乙船顺水速度为32+8=40(千米/小时)，所以，乙船顺水航行360千米需要$\frac{360}{40}$=9(小时).

6. 【答案】C.

【解析】若末尾为0，则有P_4^3=24(个)偶数；末尾不是0的偶数有$C_2^1 C_3^1 P_3^2$=36(个).所以，共有24+36=60(个)偶数，选C.

7. 【答案】D.

【解析】设原速度为v，距离为s，则$\begin{cases}\frac{s}{v}-1=\frac{s}{1.2v},\\ \frac{s}{v}-1=\frac{100}{v}+\frac{s-100}{1.3v},\end{cases}$

即$\frac{s}{1.2}=\frac{100}{v}+\frac{s-100}{1.3v}$，有$\frac{s}{1.2}=100+\frac{s-100}{1.3}$，解得$s$=360.

8. 【答案】E.

【解析】**方法一** 利用思维解题法，把阴影部分分成两部分，上下为一份、左右为一份，每一份的面积都是一个正方形减去一个圆的面积，即有$S_{阴影}=2\left[1\times 1-\pi\left(\frac{1}{2}\right)^2\right]=2\left(1-\frac{\pi}{4}\right)=2-\frac{\pi}{2}$.

方法二 连接AC，BD，可以发现白色部分被分成了8个相等的部分，每两部分是半圆与等腰直角三角形的面积差，所求的阴影面积为正方形与白色部分面积差，因此有白色区域面积等于$4\left[\frac{1}{2}\pi\left(\frac{1}{2}\right)^2-\frac{1}{2}\times 1\times\frac{1}{2}\right]=\frac{1}{2}\pi-1$，从而阴影部分面积等于$1-\left(\frac{1}{2}\pi-1\right)=2-\frac{\pi}{2}$.

9. 【答案】C.

【解析】由题意得$a_n a_{n+1}=\left(\frac{1}{3}\right)^n \Rightarrow a_{n+1}a_{n+2}=\left(\frac{1}{3}\right)^{n+1} \Rightarrow \frac{a_{n+1}a_{n+2}}{a_n a_{n+1}}=\frac{a_{n+2}}{a_n}=\frac{1}{3}\Rightarrow$原数列中奇数项成等比数列，且$q=\frac{1}{3}$.因为$a_1=2$，则$\{a_n\}$的前15项中所有奇数项和为$\frac{2\left[1-\left(\frac{1}{3}\right)^8\right]}{1-\frac{1}{3}}=3\left[1-\left(\frac{1}{3}\right)^8\right]=3-3^{-7}$.

10. 【答案】D.

【解析】$kx^2 - 2kx + \dfrac{1}{1+k} > 0$ 恒成立. 当 $k=0$ 时,$1>0$ 恒成立;当 $k \neq 0$ 时,$k>0$,

$\Delta = (-2k)^2 - 4 \cdot k \cdot \dfrac{1}{1+k} < 0 \Rightarrow k(4k^2+4k-4)(k+1) < 0 \Rightarrow k^2+k-1 < 0 \Rightarrow 0 <$

$k < \dfrac{-1+\sqrt{5}}{2}$,故 k 的取值范围是 $0 \leqslant k < \dfrac{\sqrt{5}-1}{2}$. 所以选 D.

11. 【答案】B.

【解析】$\begin{cases} \dfrac{1}{\alpha} + \dfrac{1}{\beta} = \dfrac{\alpha+\beta}{\alpha\beta} = 2, \\ \alpha^2\beta^2 = 1 \end{cases} \Rightarrow \begin{cases} \alpha+\beta=2, \\ \alpha\beta=1 \end{cases}$ 或 $\begin{cases} \alpha+\beta=-2, \\ \alpha\beta=-1, \end{cases}$ 则

$\dfrac{\alpha+\beta}{\alpha^2+\beta^2} = \dfrac{\alpha+\beta}{(\alpha+\beta)^2 - 2\alpha\beta} = \dfrac{2}{2^2-2} = 1$ 或 $\dfrac{-2}{2^2+2} = -\dfrac{1}{3}$.

12. 【答案】C.

【解析】**方法一** 利用直接法,直接观察可看出阴影面积为长方形的一半减去右下角空白部分,又因为右下角空白部分为长方形面积与半圆面积差的一半,即有

$S_{右下白} = \dfrac{1}{2}\left(S_{□ABCD} - \dfrac{1}{2}S_{圆}\right) = \dfrac{1}{2}\left[AB \cdot BC - \dfrac{1}{2}\pi\left(\dfrac{CD}{2}\right)^2\right] = 4-\pi$,

$S_{阴影} = \dfrac{1}{2}S_{□ABCD} - S_{右下白} = 4-(4-\pi)=\pi$.

方法二 利用思维解题法,把长方形平均分成两份,左下角阴影部分可转移到右上角空白部分,即有阴影部分就成了圆的四分之一,如图 10.3 所示,则有

图 10.3

$S_{阴影} = \dfrac{1}{4}S_{圆} = \dfrac{1}{4}\pi\left(\dfrac{CD}{2}\right)^2 = \pi$.

13. 【答案】D.

【解析】分为以下 3 种情况:(1)4 个数全为奇数,有 C_5^4 种取法;(2)4 个数全为偶数,有 C_4^4 种取法;(3)2 个奇数与 2 个偶数,有 $C_5^2 C_4^2$ 种取法. 则满足条件的取法共有 $C_5^4 + C_4^4 + C_5^2 C_4^2 = 66$(种).

14. 【答案】B.

【解析】$f(2\,014) = f(2\,013)+1 = f(2\,012)+1+1 = \cdots = f(0)+1 \times 2\,014 = 2\,014$.

15. 【答案】D.

[解析] $\begin{cases} \dfrac{2a^2}{1+a^2}=b, \\ \dfrac{2b^2}{1+b^2}=c, \\ \dfrac{2c^2}{1+c^2}=a, \end{cases} \Rightarrow \begin{cases} 1+\dfrac{1}{a^2}=\dfrac{2}{b}, \\ 1+\dfrac{1}{b^2}=\dfrac{2}{c}, \\ 1+\dfrac{1}{c^2}=\dfrac{2}{a}, \end{cases}$ 将等式左右分别相加,可得 $1+\dfrac{1}{a^2}+1+\dfrac{1}{b^2}+1+$

$\dfrac{1}{c^2}=\dfrac{2}{b}+\dfrac{2}{c}+\dfrac{2}{a}$,即 $\left(1-\dfrac{1}{a}\right)^2+\left(1-\dfrac{1}{b}\right)^2+\left(1-\dfrac{1}{c}\right)^2=0$.于是 $\begin{cases} 1-\dfrac{1}{a}=0, \\ 1-\dfrac{1}{b}=0, \\ 1-\dfrac{1}{c}=0, \end{cases}$ 即 $a=$

$b=c=1$,则 $S_{\triangle ABC}=\dfrac{\sqrt{3}}{4}\times 1^2=\dfrac{\sqrt{3}}{4}$.

16.【答案】C.

【解析】条件(1):举反例 $a=b=c=d=4$,条件(1) 不充分.

条件(2):举反例 $a=2$,$b=3$,$c=1$,$d=5$,条件(2) 不充分.

联合条件(1)与条件(2):$(\sqrt{a}+\sqrt{b})^2=a+b+2\sqrt{ab}$,$(\sqrt{c}+\sqrt{d})^2=c+d+2\sqrt{cd}$.因为 a,b,c,d 均为正数,$a+b=c+d$,且 $ab>cd$,所以 $a+b+2\sqrt{ab}>c+d+2\sqrt{cd}$,即 $(\sqrt{a}+\sqrt{b})^2>(\sqrt{c}+\sqrt{d})^2$,故 $\sqrt{a}+\sqrt{b}>\sqrt{c}+\sqrt{d}$,联合充分.

17.【答案】E.

【解析】(1) 取反例 $n=14$,可知条件(1) 不充分;

(2) 取反例 $n=32$,可知条件(2) 不充分.

条件(1) 与(2) 联合有 $\begin{cases} n+50=k_1^2(k_1=\mathbf{N}), \\ n-31=k_2^2(k_2=\mathbf{N}) \end{cases} \Rightarrow k_1^2-k_2^2=81 \Rightarrow (k_1+k_2)(k_1-k_2)=$

$81 \Rightarrow \begin{cases} k_1=15, \\ k_2=12 \end{cases}$ 或 $\begin{cases} k_1=41, \\ k_2=40 \end{cases}$ 或 $\begin{cases} k_1=9, \\ k_2=0, \end{cases}$ 为其中符合题意的解 $\Rightarrow n=175$ 或 1 631 或 31,

所以选 E.

18.【答案】E.

【解析】条件(1):若底面周长为 4,高为 6,即 $2\pi r=4$,$h=6$,则 $V=\pi r^2h=\dfrac{24}{\pi}$;若底面

周长为 6,高为 4,即 $2\pi r=6$,$h=4$,则 $V=\pi r^2h=\dfrac{36}{\pi}$,故条件(1) 不充分.

条件(2):$2\pi rh=24$,故无法确定体积.

联合条件(1),(2) 与条件(1) 相同,故联合也不充分.

19.【答案】A.

【解析】利用逆向思维解题与数形结合法,由(1)可知 $f(x)=\sqrt{(x-2)^2+3^2}+\sqrt{(x-6)^2+1}$,即表示 $(x,0)$ 到 $A(2,3)$, $B(6,1)$ 的最短距离和.如图 10.4 所示,取 A 关于 x 轴的对称点 $C(2,-3)$,连接 BC,BC 即为最短距离,即有 $f(x)=\sqrt{(6-2)^2+(1+3)^2}=4\sqrt{2}$,条件(1)充分.由条件(2)明显看出可以为负值,故条件(2)不充分.

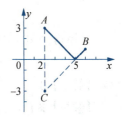

图 10.4

[技巧] 相加有最小值,相减有最大值.

20.【答案】C.

【解析】条件(1):在 $a^x b^y c^z=1$ 的两边同时取对数可得 $x\lg a+y\lg b+z\lg c=0$,令 $\lg a=A$,$\lg b=B$,$\lg c=C$,故 $Ax+By+Cz=0$;同理,$Ay+Bz+Cx=0$,$Az+Bx+Cy=0$.将 3 个方程相加化简可得 $(A+B+C)(x+y+z)=0$,所以 $A+B+C=0$ 或 $x+y+z=0$,故条件(1)不充分.条件(2)显然也不充分.

联合条件(1)与条件(2):因为 a,b,c 均大于 1,所以 A,B,C 均大于零,则 $A+B+C\neq 0$,故 $x+y+z=0$,因此条件(1)、条件(2)联合充分.

21.【答案】E.

【解析】从题干分析得:反面情况为 3 条抛物线与 x 轴都不相交,则
$$\begin{cases}\Delta_1<0,\\ \Delta_2<0,\\ \Delta_3<0\end{cases}\Rightarrow\begin{cases}1-4m<0,\\ 4m^2-16<0,\\ m^2-4m(m-1)<0\end{cases}\Rightarrow\frac{4}{3}<m<2,$$
若 3 条抛物线中至少有一条与 x 轴相交,则可得 $m\geqslant 2$ 或 $m\leqslant\frac{4}{3}$.显然两个条件单独不充分,联合也不充分.

22.【答案】B.

【解析】条件(1):举反例 $a_n=1$,$\lambda=1$ 或 2 均满足条件(1),故条件(1)不充分.

条件(2):$\begin{cases}S_n=2a_n-3n,\\ S_{n+1}=2a_{n+1}-3(n+1)\end{cases}\Rightarrow a_{n+1}=2a_{n+1}-2a_n-3\Rightarrow a_{n+1}=2a_n+3$,$a_{n+1}+3=2(a_n+3)$,故 $\dfrac{a_{n+1}+3}{a_n+3}=2$,故 $\lambda=3$,条件(2)充分.

23.【答案】E.

【解析】条件(1)与(2)单独均不充分.联合条件(1)与(2),分 3 种情况讨论:

(1) 甲得 1 分,乙得 0 分,此时
$$p_1=[C_2^1 0.6(1-0.6)][C_2^0 0.5^0(1-0.5)^2]=0.12;$$

(2) 甲得 2 分,乙得 1 分,此时
$$p_2=[C_2^2 0.6^2(1-0.6)^0][C_2^1 0.5(1-0.5)]=0.18;$$

(3) 甲得 2 分,乙得 0 分,此时

117

$$p_3=[C_2^2 0.6^2(1-0.6)^0][C_2^0 0.5^0(1-0.5)^2]=0.09.$$

故甲得分多于乙得分的概率为

$$p=p_1+p_2+p_3=0.12+0.18+0.09=0.39\neq 0.41.$$

24. 【答案】B.

【解析】条件(1)：$f(x)=x^3-2x^2+x^2-2x+x-2$
$$=x^2(x-2)+x(x-2)+(x-2)$$
$$=(x-2)(x^2+x+1).$$

若 $f(x)=0$，则 $x=2$，故只有一个零点，条件(1)不充分.

条件(2)：$f(x)=x^3-2x^2-4x+3$
$$=x^3-3x^2+x^2-3x-x+3$$
$$=x^2(x-3)+x(x-3)-(x-3)$$
$$=(x^2+x-1)(x-3).$$

若 $f(x)=0$，则 $x=3$ 或 $x=\dfrac{-1-\sqrt{5}}{2}$ 或 $x=\dfrac{-1+\sqrt{5}}{2}$，条件(2)充分.

25. 【答案】E.

【解析】条件(1)与(2)显然单独不充分，考虑联合.

对于条件(1)，先求没有选派女运动员的选派方法，共有 $C_6^5=6$（种）选法，则至少有 1 名女运动员被选派的选派方法为 $N_1=C_{10}^5-C_6^5=252-6=246$（种）选法.

对于条件(2)，分以下两种情况进行讨论：

① 女队长被选派，其余人任选，共有 $C_9^4=126$（种）选法；

② 不选派女队长，选派了男队长，有 $C_8^4=70$（种）选法，剔除不含女运动员的选法，有 $C_5^4=5$（种）选法.

则选了队长，又有女运动员的选派方法为 $N_2=126+70-5=191$（种）选法.

综合条件(1)与(2)可知 $N_1+N_2=246+191=437$，而 $437=19\times 23=1\times 437$，则 N_1+N_2 的所有正约数之和为 $19+23+1+437=480$.

第十一套卷解析

1. 【答案】D.

【解析】设甲店售出 x 件，则甲的利润为 $200\times 0.2x-200\times 1.2x\times 5\%=28x$，乙的利润 $200\times 0.15\times 2x-200\times 1.15\times 2x\times 5\%=37x$，即 $37x-28x=5\,400$，解得 $x=600$. 故甲店销售 600 件，乙店销售 1 200 件，选 D.

2. 【答案】B.

【解析】$t^2-3t-18\leqslant 0\Rightarrow(t-6)(t+3)\leqslant 0\Rightarrow -3\leqslant t\leqslant 6$，则 $|t+4|+|t-6|=t+4-t+6=10$.

[技巧] 可以采用特殊值 $t=0$，代入后 $|t+4|+|t-6|=10$.

3. 【答案】C.

   【解析】水壶在前 20 分钟被水冲走的距离是 $\frac{20}{60}\times 3=1$(千米)，此时艇走了 $\frac{(9+3)\times 20}{60}=4$(千米)，返回直到相遇所用时间是一样的，所以水壶这段时间走的路程 x 除以水流速度与小艇逆水走的路程除以速度的值是相等的，列方程有 $\frac{x}{3}=\frac{4-1-x}{6}$，所以 $x=1$(千米)，则水壶总共走的距离是 $1+1=2$(千米).

4. 【答案】C.

   【解析】设浓度为 20% 的溶液用量为 x 升，浓度为 30% 的溶液用量为 $2x$ 升，则浓度为 50% 的溶液用量为 $50-3x$ 升.根据溶质守恒列方程：$20\%x+30\%\times 2x+50\%\times(50-3x)=36\%\times 50 \Rightarrow x=10$，故浓度为 30% 的溶液用量为 20 升.

5. 【答案】A.

   【解析】圆的方程为 $(x-2)^2+(y+1)^2=5^2$，$r=5$，如图 11.2 所示，即

   $d=\frac{|2-2-3\sqrt{5}|}{\sqrt{1^2+2^2}}=3$，$AB=2\sqrt{r^2-d^2}=8$，选 A.

   图 11.2

6. 【答案】C.

   【解析】令 $y=x^2-3x+2$，$0\leqslant x\leqslant 2$，$y=x^2-3x+2=\left(x-\frac{3}{2}\right)^2-\frac{1}{4}$，所以 y 在 $0\leqslant x\leqslant 2$ 上的最大值为 2，最小值为 $-\frac{1}{4}$.由 $\frac{1}{8}(2t-t^2)\leqslant x^2-3x+2\leqslant 3-t^2$ 在 $0\leqslant x\leqslant 2$ 上恒成立，

   可知 $\begin{cases}\frac{1}{8}(2t-t^2)\leqslant -\frac{1}{4} \\ 3-t^2\geqslant 2\end{cases} \Rightarrow \begin{cases}t^2-2t-2\geqslant 0 \\ t^2-1\leqslant 0\end{cases}$，解得 t 的取值范围为 $[-1,1-\sqrt{3}]$.

7. 【答案】D.

   【解析】设两地距离为 s，计划的平均速度为 v，则

   $\begin{cases}\frac{0.5s}{0.8v}=\frac{0.5s}{v}+\frac{45}{60} \\ \frac{0.5s}{120}=\frac{0.5s}{v}-\frac{45}{60}\end{cases} \Rightarrow \begin{cases}s=540 \\ v=90\end{cases}$.

8. 【答案】B.

【解析】设大球的半径为 R，则由题意得到 $\frac{4}{3}\pi R^3 = 4\pi + 32\pi = 36\pi \Rightarrow R^3 = 27 \Rightarrow R = 3$（厘米）.因此，大球的表面积为 $S = 4\pi R^2 = 4\pi \times 9 = 36\pi$（平方厘米）.

9. 【答案】A.

【解析】$x + y - 6\sqrt{x+y} + 3m = 0 \Rightarrow (\sqrt{x+y} - 3)^2 + 3m - 9 = 0 \Rightarrow (\sqrt{x+y} - 3)^2 = 9 - 3m$，所以 $\sqrt{x+y} = \pm\sqrt{9-3m} + 3$，得 $\begin{cases} 9-3m > 0, \\ 9-3m \leq 9 \end{cases} \Rightarrow \begin{cases} m < 3, \\ m \geq 0 \end{cases} \Rightarrow 0 \leq m < 3.$

10. 【答案】E.

【解析】x^6 出现在 $(1+x)^6 + (1+x)^7 + (1+x)^8 + (1+x)^9 + (1+x)^{10}$ 中，故 x^6 的系数为 $C_6^6 + C_7^6 + C_8^6 + C_9^6 + C_{10}^6 = C_{11}^7 = 330.$

11. 【答案】B.

【解析】如图 11.3 所示，过点 B 作 $BE \perp PA$ 于点 E，过点 D 作 $DF \perp PA$ 于点 F.由 $S_{\triangle PAB} = 80, PA = 10$，得到 $BE = \frac{2 \times 80}{10} = 16$.同理，有

图 11.3

$DF = \frac{2 \times 90}{10} = 18$.又因为 $\angle EAB = \angle FDA, \angle EBA = \angle FAD$（同角的余角相等），$AB = AD \Rightarrow \triangle ABE \cong \triangle DAF$，因此有 $AE = DF = 18$，所以 $S = AB^2 = BE^2 + AE^2 = 16^2 + 18^2 = 580.$

12. 【答案】A.

【解析】方法一 $a_{n+1} - a_n = \ln\left(1 + \frac{1}{n}\right) = \ln\frac{n+1}{n}$,

$a_n = (a_n - a_{n-1}) + (a_{n-1} - a_{n-2}) + \cdots + (a_2 - a_1) + a_1$

$= \ln\frac{n}{n-1} + \ln\frac{n-1}{n-2} + \cdots + \ln\frac{3}{2} + \ln\frac{2}{1} + 2$

$= \ln\left(\frac{n}{n-1} \times \frac{n-1}{n-2} \times \cdots \times \frac{3}{2} \times \frac{2}{1}\right) + 2 = \ln n + 2.$

方法二 代入排除法，数列求通项大都可以用此法.取 $n = 2$，排除 C，D，E；$n = 3$，排除 B.

13. 【答案】D.

【解析】直接观察阴影部分，可以看到阴影部分为大扇形减去右下角空白部分，而右下角空白部分为长方形减去小扇形，因此有

$S_{阴影} = \frac{1}{4}\pi AB^2 - \left(AB \cdot BC - \frac{1}{4}\pi BC^2\right) = \frac{10^2}{4}\pi - \left(10 \times 5 - \frac{5^2}{4}\pi\right)$

$= \frac{125}{4}\pi - 50.$

14. 【答案】D.

【解析】当 $a<0$ 时,方程无解;当 $a=0$ 时,$x=0$,只有一个根;当 $a>0$ 时,原式化为 $\dfrac{x^2}{x-1}=\pm a$,即 $x^2-ax+a=0$① 或 $x^2+ax-a=0$②.因为方程②的判别式为 $a^2+4a>0$,所以方程②有两个不同的实数根,则方程①必定无解;故 $\Delta=(-a)^2-4a=a^2-4a<0$,所以 a 的取值范围是 $0<a<4$.

15. **【答案】** A.

【解析】 $y=mx+n$,$m=\tan\theta=\tan\left(\dfrac{3}{4}\pi\right)=-1\Rightarrow y=-x+n\Rightarrow x+y=n$,则有 $\begin{cases}x+y=n,\\5x+3y=31\end{cases}\Rightarrow\begin{cases}x=\dfrac{1}{2}(31-3n),\\y=\dfrac{1}{2}(5n-31),\end{cases}$ 交点在第一象限内,故有 $x>0$,$y>0\Rightarrow n\in\left(\dfrac{31}{5},\dfrac{31}{3}\right)$.

16. **【答案】** C.

【解析】因为 $x^2-8x+16=(x-4)^2$,所以题干 $\Leftrightarrow |1-x|-|x-4|=2x-5\Leftrightarrow\begin{cases}1-x\leqslant 0,\\x-4\leqslant 0\end{cases}\Leftrightarrow 1\leqslant x\leqslant 4$,显然联合充分,故选 C.

17. **【答案】** B.

【解析】对于条件(1),当 $N=10$ 时,共有 $P_{10}^2=90$(种)不同的票,故条件(1)不充分.对于条件(2),当 $N=11$ 时,共有 $P_{11}^2=110$(种)不同的票,故条件(2)充分.

18. **【答案】** C.

【解析】条件(1)与(2)单独均不充分.联合条件(1)与(2):设两项运动都喜欢的人数为 x,则 $(15-x)+x+(10-x)+8=30$,得 $x=3$,则喜爱篮球运动但不喜欢乒乓球运动的人数为 $15-3=12$.

19. **【答案】** C.

【解析】 $\dfrac{a^2}{x}+\dfrac{b^2}{1-x}=\left(\dfrac{a^2}{x}+\dfrac{b^2}{1-x}\right)[x+(1-x)]=a^2+b^2+\dfrac{(1-x)a^2}{x}+\dfrac{xb^2}{1-x}\geqslant a^2+b^2+2\sqrt{a^2b^2}=(a+b)^2$,当且仅当 $x=\dfrac{a}{a+b}$ 时,取得等号.

20. **【答案】** A.

【解析】(1)因为 $a_1\neq 1$,$a_3\neq 3$,$a_5\neq 5$,且 $a_1<a_3<a_5$,所以 a_1 可取 2,3,4.

a_1 取 2 时,$a_3=4$ 或 5,$a_5=6$,2 种;

a_1 取 3 时,$a_3=4$ 或 5,$a_5=6$,2 种;

a_1 取 4 时,$a_3=5$,$a_5=6$,1 种.

共计 5 种,再将 a_2,a_4,a_6 排列,共计 $5\times 3!=30$(种),充分.

(2) 因为 $a_1 \neq 1, a_3 \neq 3, a_5 \neq 5$,且 $a_5 < a_3 < a_1$,所以 a_1 可取 3,4,5,6.

a_1 取 3 时,$a_3 = 2, a_5 = 1$,1 种;

a_1 取 4 时,$a_3 = 2, a_5 = 1$,1 种;

a_1 取 5,$a_3 = 2$ 时,$a_5 = 1$,1 种;

a_1 取 5,$a_3 = 4$ 时,$a_5 = 1, 2, 3$,3 种(此时已超过了,即不充分);

a_1 取 6,$a_3 = 2$ 时,$a_5 = 1$,1 种;

a_1 取 6,$a_3 = 4$ 时,$a_5 = 1, 2, 3$,3 种;

a_1 取 6,$a_3 = 5$ 时,$a_5 = 1, 2, 3, 4$,4 种.

共计 14 种,再将 a_2, a_4, a_6 排列,共计 $14 \times 3! = 84$(种),不充分.

21. 【答案】A.

【解析】条件(1):将 $x + y = 1$ 代入

$\sqrt{3x + 2y - 5 - m} + |x - y + 7| = \sqrt{2x + 3y + m}$,

$\sqrt{3x + 2(1-x) - 5 - m} + |x - (1-x) + 7| = \sqrt{2x + 3(1-x) + m}$,

$\sqrt{x - 3 - m} + |2x + 6| = \sqrt{m + 3 - x}$,

$\begin{cases} x \geq m + 3, \\ x \leq m + 3 \end{cases} \Rightarrow x = m + 3 \Rightarrow |2x + 6| = 0, x = -3, m = -6$,充分;

条件(2):将 $x + 2y = 0$ 代入

$\sqrt{3x + 2y - 5 - m} + |x - y + 7| = \sqrt{2x + 3y + m}$,

$\sqrt{2x - 5 - m} + \left|\dfrac{3}{2}x + 7\right| = \sqrt{\dfrac{1}{2}x + m} \Rightarrow \begin{cases} x \geq -2m, \\ x \geq \dfrac{1}{2}(m + 5), \end{cases}$

无法推出 $m = -6$,因而不充分.

22. 【答案】C.

【解析】条件(1):举反例 $a = b = 0$;条件(2):举反例 $a = 1, b = 2$.

联合:$a^3 - b^3 = a^2 - b^2 \Rightarrow a^2 + ab + b^2 = a + b \Rightarrow (a+b)^2 = (a+b) + ab$.

$(a+b)^2 = (a+b) + ab < (a+b) + \dfrac{(a+b)^2}{4} \Rightarrow \dfrac{3}{4}(a+b)^2 < a + b \Rightarrow a + b < \dfrac{4}{3}$,

$(a+b)^2 = (a+b) + ab > a + b \Rightarrow a + b > 1$,

故 $1 < a + b < \dfrac{4}{3}$.

23. 【答案】B.

【解析】条件(1):$\begin{cases} \Delta = 完全平方数, \\ x_1 + x_2 = 整数,\\ x_1 x_2 = 整数, \end{cases}$ 即 $\begin{cases} 25 - 4m = p^2, \\ x_1 + x_2 = 5, \\ x_1 x_2 = m \in \mathbf{Z}, \end{cases}$ 故 m 为 4、正负 6 等情况均满

足,故 m 无法确定,条件(1) 不充分;条件(2):$\Delta = (m-1)^2 - 4m = k^2 (k \in \mathbf{Z}) \Rightarrow m^2 - $

$6m+1=k^2 \Rightarrow (m-3)^2=k^2+8 \Rightarrow (m-3+k)(m-3-k)=8=1\times 8=2\times 4$,又 $m-3+k$ 与 $m-3-k$ 奇偶性相同,故 $\begin{cases}m-3+k=2,\\ m-3-k=4\end{cases}$ 或 $\begin{cases}m-3+k=4,\\ m-3-k=2\end{cases} \Rightarrow m=6$,条件(2) 充分.

24. 【答案】C.

    【解析】设事件 A 发生的概率为 $P(A)$,事件 B 发生的概率为 $P(B)$,事件 A 与事件 B 独立,事件 A 与事件 B 同时发生的概率为 $P(AB)=P(A)P(B)$.对于条件(1):$1-[1-P(A)][1-P(B)]=\dfrac{5}{6}$,故 $[1-P(A)][1-P(B)]=\dfrac{1}{6}$,无法求得 $P(A)P(B)$ 的值,故条件(1) 不充分.

    对于条件(2):$P(A)[1-P(B)]+P(B)[1-P(A)]=\dfrac{2}{3}$,同样无法求得 $P(A)P(B)$ 的值,故条件(2) 也不充分.

    联合得

    $$\begin{cases}[1-P(A)][1-P(B)]=\dfrac{1}{6},\\ P(A)[1-P(B)]+P(B)[1-P(A)]=\dfrac{2}{3},\end{cases}$$

    解得 $P(A)P(B)=\dfrac{1}{6}$,则事件 A 与事件 B 同时发生的概率为 $\dfrac{1}{6}$,选 C.

25. 【答案】B.

    【解析】对于条件(1):当 $n=1$ 时,$a_1=2$,代入结论不成立,故条件(1) 不为充分条件.对于条件(2):$S_n=2^n-1$,$S_{n-1}=2^{n-1}-1$,则 $a_n=S_n-S_{n-1}=2^{n-1}$,$n\geqslant 2$.由 $S_n=2^n-1$ 知 $a_1=1$,则数列通项为 $a_n=2^{n-1}$,故 $a_n^2=(2^{n-1})^2=4^{n-1}$,则 $a_1^2+a_2^2+a_3^2+\cdots+a_n^2=\dfrac{1(1-4^n)}{1-4}=\dfrac{1}{3}(4^n-1)$,故条件(2) 为充分条件.综上所述,选 B.

第十二套卷解析

1. 【答案】E.

    【解析】甲、乙一直都在干活,等于 3 个人合作完成 2 个工程,$\dfrac{2}{\dfrac{1}{12}+\dfrac{1}{15}+\dfrac{1}{20}}=10$(小时) 完成.

    对 N 汽车:$\dfrac{10}{15}+\dfrac{x}{20}=1 \Rightarrow x=\dfrac{20}{3}$.

2. 【答案】B.

【解析】$a+b+c=16$ 必有一个偶质数,所以,不妨设 $a=2$,故 $b+c=14$.因此,只能为 $b=c=7$,为等腰三角形.

3. 【答案】A.

【解析】甲 12 天、乙 12 天完成,甲 3 天、乙 8 天完成 $\dfrac{5}{12}$,则甲 5 天、乙 5 天也完成 $\dfrac{5}{12}$.故甲干 2 天的工作量等于乙干 3 天的工作量,因此甲的工作效率是乙的 1.5 倍.

4. 【答案】D.

【解析】设进价为 x,则原售价为 $x(1+100\%)=2x$,新售价为 $2x\times 0.5=x$,这时每件商品的售价与进价相等.

5. 【答案】C.

【解析】先 5 人选 4 人,再将人分配到 3 天中去,则 $C_5^4 C_4^1 C_3^2 C_1^1 = 60$.

6. 【答案】A.

【解析】$ax^2-129x+c=a\left(x^2-\dfrac{129}{a}x+\dfrac{c}{a}\right)=0$,由于 a,x_1,x_2 均为质数,因为 129 能被 a 整除,a 又是质数,所以 $a=3$ 或 43.当 $a=3$ 时,$x_1+x_2=43 \Rightarrow x_1=2$,$x_2=41$;当 $a=43$ 时,$x_1+x_2=3$,不符合题意.所以 $a=3$,$x_1=2$,$x_2=41$,则 $x_1^2+x_2^2=1\,681+4=1\,685$.

7. 【答案】B.

【解析】因为 $a_{n+1}=2a_n+1$,所以 $(a_{n+1}+1)=2(a_n+1)$.$\{a_n+1\}$ 是以 $a_1+1=1$ 为首项,2 为公比的等比数列,$a_n=2^{n-1}-1 \Rightarrow a_{2004}-a_{2003}=2^{2003}-2^{2002}=2^{2002}$,个位数以 4 为周期,故个位数为 4.

8. 【答案】A.

【解析】根据数列 S_3,S_6-S_3,S_9-S_6,$S_{12}-S_9$ 依次成等差,设 $S_3=a$,$S_6=3a$,则可求得 $S_{12}=10a$,故 $\dfrac{S_6}{S_{12}}=\dfrac{3}{10}$.

9. 【答案】C.

【解析】分别使用捆绑法与插空法,把甲、乙捆绑在一起,然后把丙、丁插空进去即可,则 $P_2^2 \cdot P_2^2 \cdot P_3^2 = 24$.

10. 【答案】A.

【解析】$k_{BC}=\dfrac{6-3}{9-12}=-1$,$A(0,0)$,高的斜率为 1,高所在直线为 $y=x$,故满足条件的点为 $\left(\dfrac{1}{2},\dfrac{1}{2}\right)$.

11. 【答案】E.

【解析】设巡逻车行到途中 B 处用了 x 天,从 B 处到最远处用了 y 天,则有 $2[3(x+$

$y)+2x]=14\times 5$,即 $5x+3y=35$.又由题意,须 $x>0,y>0$ 且 $14\times 5-(5+2)x\leqslant$

14×3,即 $x\geqslant 4$,从而问题的本质是在约束条件 $\begin{cases} 5x+3y=35, \\ x\geqslant 4, \\ y>0 \end{cases}$ 之下,求 y 的最大值,

显然 $y=5$.这样,$200\times(4+5)=1\,800$,所以其他 3 辆可行进的最远距离是 $1\,800$ 千米.

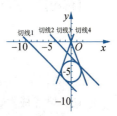

图 12.1

12. 【答案】C.

【解析】有 4 条,如图 12.1 所示.

13. 【答案】D.

【解析】因为 $a_1=1,\dfrac{S_{2n}}{S_n}=\dfrac{4n+2}{n+1},n=1,2,\cdots$,故 $a_2=2,d=1$,

$a_n=n$.

14. 【答案】C.

【解析】3 人中只有 1 人通关,分 3 种情况,则通关的概率为:

$p=\dfrac{4}{5}\times\dfrac{2}{5}\times\dfrac{3}{10}+\dfrac{1}{5}\times\dfrac{3}{5}\times\dfrac{3}{10}+\dfrac{1}{5}\times\dfrac{2}{5}\times\dfrac{7}{10}=\dfrac{47}{250}$.

15. 【答案】C.

【解析】由已知可得函数 $y=f(x)$ 在 **R** 上单调递增,故满足 $\begin{cases} a-1>0, \\ 3a-4\leqslant a^0=1 \end{cases} \Rightarrow 1<$

$a\leqslant\dfrac{5}{3}$.故选 C.

16. 【答案】A.

【解析】果:水 $=10:90=1:9$.

原来果 10 千克,水 90 千克.

后来总重量为 50 千克,果 10 千克、水 40 千克.

含水量为 $\dfrac{40}{50}\times 100\%=80\%$,条件(1) 充分;

含水量降低了 $\dfrac{90\%-80\%}{90\%}\times 100\%\approx 11\%$,条件(2) 不充分.

17. 【答案】D.

【解析】条件(1)中 $Q-P=m^2-\dfrac{8}{15}m-\dfrac{7}{15}m+1=m^2-m+1=\left(m-\dfrac{1}{2}\right)^2+\dfrac{3}{4}>0$,

所以条件(1) 充分;由条件(2) 有 $Q-P=2m^2-\dfrac{2}{3}m-\dfrac{2}{3}m+1=2m^2-\dfrac{4}{3}m+1=$

$m^2+\left(m-\dfrac{2}{3}\right)^2+\dfrac{5}{9}>0$,所以条件(2) 也充分.

125

18. 【答案】E.

   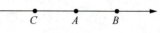
   图 12.2

   【解析】两条件有共同情况,如图 12.2 所示,$|a-b|+|b-c|=2b-a-c\neq a-c$,因此两条件均不充分.

19. 【答案】A.

   【解析】设 $f(x)=2x^2-3x-2k$,有且只有一个根在区间 $(-1,1)$ 之内,则有
   $$f(-1)=5-2k,\ f(1)=-1-2k,$$
   $$(5-2k)(-1-2k)<0\Leftrightarrow -\frac{1}{2}<k<\frac{5}{2}.$$

   (1) 单独成立,(2) 单独不成立.

20. 【答案】B.

   【解析】$\dfrac{x-1}{y+1}$ 可看成点 (x,y) 与点 $(1,-1)$ 的斜率的倒数.

   条件(1):如图 12.3(a) 所示,切线与 x 轴垂直时无斜率,另外一条切线斜率为负,故条件(1) 不充分;

   条件(2):如图 12.3(b) 所示,$\tan\alpha=\dfrac{2\sqrt{2}}{1}=2\sqrt{2}$,故最大值为 $\dfrac{1}{2\sqrt{2}}=\dfrac{\sqrt{2}}{4}$,充分.

   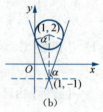
   图 12.3

21. 【答案】C.

   【解析】设甲浓度为 x,乙浓度为 y.

   条件(1):$\dfrac{2\,100x+700y}{2\,800}=0.03$;

   条件(2):$\dfrac{600x+1\,800y}{2\,400}=0.05$.

   由(1),(2) 可得 $y=0.06$.

22. 【答案】D.

   【解析】$x^2-4x+y^2-6y+9=0$,圆心为 $(2,3)$,半径 $r=2$,因为弦长为 4,所以为直径.$(2k-1)\times 2-(k+3)\times 3-(k-11)=0$,因此直线 $(2k-1)x-(k+3)y-(k-11)=0$ 恒过圆心 $(2,3)$,选 D.

23. 【答案】E.

   【解析】设甲经过 x 秒可以追上乙,依题意可得 $7x-6.5x=6.5\Rightarrow x=13$.

24. 【答案】B.

   【解析】甲负 2 局:$C_4^2 p^2(1-p)^2$;

   胜 3 局:$C_4^3 p^3(1-p)$.

   甲负 2 局 $\leqslant$ 胜 3 局:$C_4^2 p^2(1-p)^2 \leqslant C_4^3 p^3(1-p)$.

   解得 $0.6\leqslant p\leqslant 1$,因此条件(2) 充分.

25. **【答案】** A.

【解析】 (1)：$\begin{cases} a(1-b)+(1-a)b+ab=\dfrac{8}{9}, \\ a(1-b)=\dfrac{5}{9} \end{cases} \Rightarrow \begin{cases} a=\dfrac{5}{6}, \\ b=\dfrac{1}{3}, \end{cases}$ 充分.

(2)：$\begin{cases} a(1-b)+(1-a)b+ab=\dfrac{8}{9}, \\ (1-a)b=\dfrac{4}{9} \end{cases} \Rightarrow \begin{cases} a=\dfrac{4}{9}, \\ b=\dfrac{4}{5}, \end{cases}$ 不充分.

第十三套卷解析

1. **【答案】** D.

【解析】 依题意,可列如下方程:$(v_{船}+v_{水})\times 4=100$,$(v_{船}-v_{水})\times 6=90$,解方程得 $v_{船}=20$,$\dfrac{120}{20}=6$.

2. **【答案】** C.

【解析】 由于开方、绝对值以及代数的偶次幂运算均大于等于零,故为了使整个算式等于零,必须让每项都等于零,得方程组 $\begin{cases} \sqrt{(a-60)^2}=0, \\ |b+90|=0, \\ (c-130)^{10}=0 \end{cases} \Rightarrow \begin{cases} a=60, \\ b=-90, \\ c=130, \end{cases}$ 则 $a+b+c=60-90+130=100$,选 C.

3. **【答案】** C.

【解析】 方法一 $\dfrac{3\times 29}{3\times 5}=5\cdots\cdots 12$,则原先有 $5+1=6$(个) 坑有效,则剩下还要挖 $\dfrac{300}{5}-6=54$(个).

方法二 30 个坑,总长 3×29 米.15 的倍数上坑不用重新挖,一共有 0 米、15 米、30 米、45 米、60 米、75 米 6 个坑保留,还要挖 $60-6$ 个坑.

4. **【答案】** B.

【解析】 球的直径即为正方体的对角线.设正方体的边长为 a,则 $a=\dfrac{2}{\sqrt{3}}R$,体积 $V=a^3=\left(\dfrac{2}{\sqrt{3}}R\right)^3=\dfrac{8\sqrt{3}}{9}R$.

5. **【答案】** D.

【解析】 设甲每步走 $3m$、乙每步走 $5m$,又设乙走了 $4x$ 步追上甲,那么甲又走了 $5x$ 步.

依题意有 $4x \cdot 5m - 5x \cdot 3m = 20 \cdot 3m$,解得 $x = 12$,所以乙走了 48 步.

6. 【答案】A.

【解析】14 盏路灯,由于两端的灯不能熄灭,因此只有 12 盏路灯可以熄灭,熄灭以后剩下 9 盏亮的及 3 盏灭的,要使熄灭的灯互不相邻,那么可以用"插空法".将 3 盏灭的插到 9 盏亮的所形成的 10 个空位中即可满足条件,因此熄灯的方法有 C_{10}^3 种.

7. 【答案】C.

【解析】分成两组, $\dfrac{C_8^4 C_4^4}{P_2^2} = 35$. 甲、乙在同一组,则该组另外再选 2 人, $C_6^2 = 15$, $\dfrac{15}{35} = \dfrac{3}{7}$.

8. 【答案】D.

【解析】$5a_7 - a_3 = 5(a_1 + 6d) - (a_1 + 2d) = 4a_1 + 28d = 12$,即 $a_1 + 7d = a_8 = 3$,

$S_{15} = \dfrac{(a_1 + a_{15}) \times 15}{2} = \dfrac{2a_8 \times 15}{2} = 45.$

9. 【答案】A.

【解析】设 $BC = 1$, $AC = 2$. 根据相似三角形的关系可以求出第一个正方形的边长为 $\dfrac{2}{3}$,面积为 $\dfrac{4}{9}$. 依此类推,第二个正方形的边长为 $\dfrac{4}{9}$,面积为 $\dfrac{16}{81}$……第 n 个正方形的边长为 $\left(\dfrac{2}{3}\right)^n$,面积为 $\left(\dfrac{4}{9}\right)^n$. 由无穷递缩等比数列的求和公式得 $S = \dfrac{4}{9} + \left(\dfrac{4}{9}\right)^2 + \left(\dfrac{4}{9}\right)^3 + \cdots + \left(\dfrac{4}{9}\right)^n + \cdots = \dfrac{\dfrac{4}{9}}{1 - \dfrac{4}{9}} = \dfrac{4}{5}$,正方形面积为 1. 所以,面积比为 $\dfrac{4}{5}$.

10. 【答案】C.

【解析】过 O 作 OH 垂直 CD 交 CD 于 H,分别作 AE, BF 垂直 CD 交 CD 的延长线于 E, F. 那么 $AE + BF = 2OH = 8$(OH 可由勾股定理求得).

11. 【答案】C.

【解析】$60 \div 6 = 10$, 45 除以 4 大于 10. 所以,租大船比较合算. 两种方案,第一种:22 艘大船坐满,剩 2 人坐小船: $22 \times 60 + 45 \times 1 = 1\,365$(元);第二种:21 艘大船坐满,2 艘小船坐满: $21 \times 60 + 45 \times 2 = 1\,350$(元).

12. 【答案】B.

【解析】由 3 实根不同以及 $x_1 x_2 x_3 = 0$,可得有一个根为 0. 不妨设 $x_3 = 0$,代入该三次方程,可得 $d = 0$,该方程化为 $x(ax^2 + bx + c) = 0$,所以 x_1 与 x_2 是 $ax^2 + bx + c = 0$ 的两个不同实根. 又 $x_1 + x_2 + x_3 = 0$, $x_3 = 0$,所以 x_1 与 x_2 异号,根据韦达定理, $ac < 0$.

13. 【答案】B.

【解析】一开始喝掉一半后的糖:水 $= 25 : 100 = 1 : 4$,故之后加的糖与水也是 $1 : 4 = 9 : 36$,即加 9 克白糖.

14. 【答案】C.

    【解析】由于相同的数字不能相邻,所以1,2,3中必有某一个数字重复使用2次.第一步确定谁被使用2次,有3种方法;第二步把这2个相等的数放在四位数不相邻的2个位置上,也有3种方法;第三步将余下的2个数放在四位数余下的2个位置上,有2种方法.根据分步计数,故共可组成 $3 \times 3 \times 2 = 18$(个) 不同的四位数.

15. 【答案】D.

    【解析】过点 $(1,2)$ 总可作两条直线与圆 $x^2+y^2+kx+2y+k^2-15=0$ 相切,说明点 $(1,2)$ 在圆外.将点 $(1,2)$ 代入圆的方程,结果必大于零.即 $1^2+2^2+k \times 1+2 \times 2+k^2-15>0$,解方程得 $k>2$ 或 $k<-3$.

16. 【答案】E.

    【解析】因为不知道甲、乙的前后位置顺序,所以即使两个条件联合起来,也无法推断整个队列的人数.

17. 【答案】B.

    【解析】显然条件(1)不充分 —— 求得 M 有两种可能;

    条件(2): $\dfrac{x+y}{z}=\dfrac{y+z}{x}=\dfrac{x+z}{y}=\dfrac{2(x+y+z)}{x+y+z}=2$ 的前提条件是分母不能为零,充分.

18. 【答案】A.

    【解析】含有绝对值的不等式求解,基本方法是分段去绝对值符号,得到解集为 $x<\dfrac{2}{3}$ 或 $x>4$.对条件(2)也可举反例,$\dfrac{7}{2}$ 的值代入,不等式不成立,故条件(2)不充分.

19. 【答案】A.

    【解析】对于条件(1),有 $C_4^2 P_3^3 = 36$;条件(2): $P_4^4 = 24$.

20. 【答案】E.

    【解析】显然单独都不充分,考虑联合.设做对了 x 道题目,有 $8x-5(15-x)=55$, $x=10$.

21. 【答案】B.

    【解析】条件(1):3位男生、3位女生排成一排,有6!种方法;恰好3位女生排在相邻位置用捆绑法,有 $4! \cdot 3!$ 种方法.概率 $p=\dfrac{4! \cdot 3!}{6!}=\dfrac{1}{5}$.

    条件(2):5封信随机投入甲、乙2个空信箱,有 2^5 种方法;每个信箱都有信,有 $C_5^1 + C_5^2 + C_5^3 + C_5^4 = 30$(种) 方法,概率 $p=\dfrac{15}{16}$.

22. 【答案】D.

    【解析】条件(1):第一次追上 B 的时候,B 跑了2圈,A 跑了3圈,充分;

    条件(2):A 背道而驰直至两人再次相遇,刚好跑了一圈.A 跑了 $\dfrac{3}{5}$ 圈,B 跑了 $\dfrac{2}{5}$ 圈,充分.

23. 【答案】C.

　　【解析】显然需要联合考虑.设 $\dfrac{y+1}{x+2}=k$,化简后得到 $y=kx+2k-1$.当相切时,有 $d=\dfrac{|ax_0+by_0+c|}{\sqrt{a^2+b^2}}=\dfrac{|2k-1|}{\sqrt{k^2+1}}=1$,解得 $k=0$ 或 $k=\dfrac{4}{3}$.最大值为 $\dfrac{4}{3}$,充分.

　　该类解析几何题目,解题方法共有3种:点到直线距离公式法、判别式法、数形结合法.

24. 【答案】D.

　　【解析】条件(1):由 $a^2+b^2+c^2=ab+bc+ac$ 可得 $(a-b)^2+(b-c)^2+(c-a)^2=0$,所以 $a=b=c$,充分;条件(2):由 $a^2-6a+|c-4|=2a-16$ 得 $(a-4)^2+|c-4|=0$,所以 $a=b=c=4$,充分.

25. 【答案】D.

　　【解析】由 $2af(1)<0$ 得 $a(3-a)<0$,所以 $a<0$ 或 $a>3$.

第十四套卷解析

1. 【答案】B.

　　【解析】设两个数分别为 $a=ck_1,b=ck_2$(且 k_1,k_2 互质),得
$$\begin{cases}ck_1-ck_2=48,\\ck_1k_2=60\end{cases}\Rightarrow\begin{cases}k_1=5,\\k_2=1,\\c=12.\end{cases}$$

2. 【答案】C.

　　【解析】阶梯计算,表格法:

	单价	量	总价
0～5 吨	2.1	5	10.5
6～15 吨	2.8	10	28
16 吨～	3.5	x	35

$3.5x=35\Rightarrow x=10$,本月:$5+10+10=25$.

3. 【答案】D.

　　【解析】**方法一** 竖式除法:

$$\begin{array}{r}3x-2\\x^2-3x-1\overline{\smash{\big)}3x^3-11x^2+3x+2}\\\underline{3x^3-9x^2-3x}\\-2x^2+6x+2\\\underline{-2x^2+6x+2}\\0\end{array}$$

$3x^3-11x^2+3x+2=(x^2-3x-1)(3x-2)=0$.

方法二 降次法:$x^2-1=3x \Rightarrow x^2=3x+1$,

$$3x \cdot x^2 - 11x^2 + 3x + 2$$
$$=3x(3x+1)-11(3x+1)+3x+2$$
$$=9x^2-27x-9$$
$$=9(3x+1)-27x-9$$
$$=0.$$

4. **【答案】** C.

   【解析】 $v_A=v_B+12$, $\dfrac{96}{v_B+12}+\dfrac{40}{60}=\dfrac{96}{v_B} \Rightarrow v_B=36$, $v_A=36+12=48$.

5. **【答案】** B.

   【解析】 三角形为正三角形时,面积最大,因 a,b,c 为整数,则越接近正三角形面积越大,即 $a=b=3$,$c=4$ 时面积最大,$S_{\max}=2\sqrt{5}$.

6. **【答案】** C.

   【解析】 集合问题.

   共选了 $20+15+10=45$(个)选项.令选一个选项的人数为 x,$x \times 1 + 5 \times 2 + 3 \times 3 = 45 \Rightarrow x=26$.

   总人数: $26+5+3+2=36$.

7. **【答案】** B.

   【解析】 当 $a_n \cdot a_{n+1} < 0$ 时,S_n 有最值.$a_1+a_3+a_5=3a_3=105 \Rightarrow a_3=35$,$a_2+a_4+a_6=3a_4=99 \Rightarrow a_4=33$,$d=-2$,$a_1=39$,$a_{20}=a_1+19d=1$,$a_{21}=a_1+20d=-1$,故 S_{20} 最大(前 20 项均为正).

8. **【答案】** B.

   【解析】 作辅助线连接 PO.

   $$S_{\triangle BOC}=\dfrac{1}{4}\times 30\times 40=300=\dfrac{1}{2}\times BO\times PR+\dfrac{1}{2}\times CO\times PQ$$
   $$=\dfrac{1}{2}\times 25\times PR+\dfrac{1}{2}\times 25\times PQ$$
   $$=\dfrac{1}{2}\times 25\times(PR+PQ) \Rightarrow PR+PQ=24.$$

9. **【答案】** C.

   【解析】 $x^2+mx+13=0$ 的两根为正整数,则 $x_1 \cdot x_2=13$,13 为质数,$x_1=1$,$x_2=13 \Rightarrow m=-14$(韦达定理).故 $y^2-5y-14=0$,$\dfrac{1}{y_1}+\dfrac{1}{y_2}=\dfrac{y_1+y_2}{y_1 y_2}=\dfrac{5}{-14}=-\dfrac{5}{14}$.

10. 【答案】A.

【解析】等边圆柱的底面直径等于高；加工成底面为正方形时，体积最大（由均值不等式可推导），如图 14.3 所示，$V_{\max} = (2\sqrt{2})^2 \times 4 = 32$.

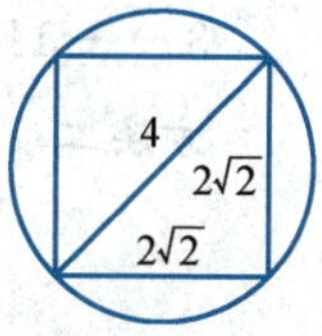

图 14.3

11. 【答案】B.

【解析】作辅助线将中间 4 个白色叶子围成 1 个正方形，如图 14.4 所示，则

$$S_{阴} = 4 \times 半圆 + 正方形中阴影 \ S_{阴1}$$
$$= 4 \times \frac{16}{2}\pi + 64 - 4 \times (8\pi - 16)$$
$$= 128.$$

图 14.4

12. 【答案】A.

【解析】过圆心时截得弦最长，即直线 l 过 $P(2, 1)$，$O(1, -2)$.

l 方程：$3x - y - 5 = 0 \Rightarrow \begin{cases} x = 0, \\ y = -5, \end{cases} \begin{cases} y = 0, \\ x = \frac{5}{3}, \end{cases} S = \frac{1}{2} \times \frac{5}{3} \times 5 = \frac{25}{6}$.

13. 【答案】A.

【解析】**方法一** x，y 互换法.求关于斜率为正负 1 的直线的对称直线方程可用此法.

$x + y + 4 = 0 \Rightarrow \begin{cases} x = -y - 4, \\ y = -x - 4, \end{cases}$ $2x + y - 2 = 0$ 的对称直线为

$$2(-y - 4) + (-x - 4) - 2 = 0 \Rightarrow x + 2y + 14 = 0.$$

方法二 $\begin{cases} 2x + y - 2 = 0, \\ x + y + 4 = 0 \end{cases} \Rightarrow \begin{cases} x = 6, \\ y = -10, \end{cases}$ 即交点坐标 $P(6, -10)$，对称直线也要过此点 P，代入只有 A 选项成立.

14. 【答案】B.

【解析】列举法.

甲胜利的情况有：甲 √，$p_1 = 0.3$；

甲×乙×甲 √，$p_2 = 0.7 \times 0.6 \times 0.3$；

甲×乙×甲×乙×甲 √，$p_3 = (0.7)^2 \times (0.6)^2 \times 0.3$；

甲×乙×甲×乙×甲×乙×甲 √，$p_4 = (0.7)^3 \times (0.6)^3 \times 0.3$；

甲×乙×甲×乙×甲×乙×甲×乙×甲 √，$p_5 = (0.7)^4 \times (0.6)^4 \times 0.3$.

甲胜：$p = p_1 + p_2 + p_3 + p_4 + p_5 \approx 0.51$.

15. 【答案】E.

【解析】$\begin{cases} 6=1\times 6=6\times 1=2\times 3=3\times 2, \\ 5=1\times 5=5\times 1, \\ 4=1\times 4=4\times 1=2\times 2, \\ 3=1\times 3=3\times 1, \\ 2=1\times 2=2\times 1, \\ 1=1\times 1, \end{cases}$ 共14种，$P=\dfrac{14}{6\times 6\times 6}=\dfrac{7}{108}$.

16. 【答案】E.

【解析】(1) 两边平方：$|x+2|^2=(\sqrt{x})^2 \Rightarrow x^2+3x+4=0$，$\Delta<0$，无实根，不充分；
(2) $x=0$，$x=\pm 2$，不充分；联立也不充分.

17. 【答案】B.

【解析】(1) $a^2-bc+b^2-ac+c^2-ab=\dfrac{1}{2}[(a-b)^2+(b-c)^2+(a-c)^2]=0 \Rightarrow a=b=c$，存在 $a=b=c=0$ 的情况，不为等比，不充分；(2) $\dfrac{1}{a}=\dfrac{1}{b}=\dfrac{1}{c}\Rightarrow a=b=c\neq 0$，为非零常数列，充分.

18. 【答案】C.

【解析】条件(1)：大房间有5人，即 C_{12}^5；中房间从剩下的7人中选择4人，即 C_7^4；小房间从最后3人中选择3人，即 C_3^3. 由乘法原理知，$N_1=C_{12}^5 C_7^4 C_3^3$.

条件(2)：五个人全排列，共有 P_5^5 种排列方法；A，B 两人不是 A 在 B 的左边，就是 A 在 B 的右边，且两种情况的排列方法数相等，即 $N_2=\dfrac{P_5^5}{2}$.

联合条件(1),(2)：$\dfrac{N_1}{N_2}=\dfrac{C_{12}^5 C_7^4 C_3^3}{\dfrac{P_5^5}{2}}=462$，故联合充分.

19. 【答案】B.

【解析】三角不等式 $|x+\lg a|+|x-\lg b|\geqslant |x+\lg a-(x-\lg b)|=\lg(a\cdot b)>1$ 则无解，条件(2)充分.

20. 【答案】C.

【解析】$x^2+ax-a>0$ 恒成立，则 $\Delta<0$，$\Delta=a^2+4a<0\Rightarrow -4<a<0$.
(1) $|a|<1\Rightarrow -1<a<1$，不充分；(2) $a<0$，不充分；(1)+(2)$\Rightarrow -1<a<0$，在结论范围内，充分.

21. 【答案】D.

【解析】经验公式法.

(1) S_3，S_6-S_3，S_9-S_6 成等差，则 $\begin{cases} S_3=5, \\ S_6-S_3=12, \\ S_9-S_6=19 \end{cases}\Rightarrow S_9=36$.

(2) 同理,$\begin{cases}S_3=4,\\S_6-S_3=12,\\S_9-S_6=20\end{cases}\Rightarrow S_9=36.$

22. 【答案】A.

【解析】(1) $32+32(1+p)+32(1+p)^2=122\Rightarrow p=\dfrac{1}{4}$,充分;

(2) $25(1-p)^2=16\Rightarrow p=\dfrac{1}{5}$,不充分.

23. 【答案】A.

【解析】外切时 $3+|r|=\sqrt{(-2+1)^2+(3-2)^2}=\sqrt{2}\Rightarrow |r|=\sqrt{2}-3$;

内切时 $3-|r|=\sqrt{2}\Rightarrow |r|=3-\sqrt{2}$,$|r|-3=\sqrt{2}\Rightarrow |r|=3+\sqrt{2}$.

故(1) 充分,(2) 不充分.

24. 【答案】D.

【解析】$l_1:(m-1)x+y+2=0\Rightarrow y=-(m-1)x-2$,

$l_2:(m^2+3m-4)x+(2m+5)y+m=0\Rightarrow y=-\dfrac{m^2+3m-4}{2m+5}x-\dfrac{m}{2m+5}.$

两直线平行,$k_1=k_2$ 且 $b_1\neq b_2$,因此有 $m-1=\dfrac{m^2+3m-4}{2m+5}$,解得 $m=\pm 1$.

25. 【答案】C.

【解析】甲、乙概率做比较,则需要知道两者单次发生的概率,此题明显为互补型选项,C 或 E,大概率为 C.

甲中 3 次乙中 1 次:$p_1=\left(\dfrac{1}{2}\right)^3 C_3^1\left(\dfrac{2}{3}\right)\left(\dfrac{1}{3}\right)^2$;

甲中 2 次乙中 0 次:$p_2=C_3^2\left(\dfrac{1}{2}\right)^2\left(\dfrac{1}{2}\right)\left(\dfrac{1}{3}\right)^3.$

$p=p_1+p_2=\dfrac{1}{24}.$

第十五套卷解析

1. 【答案】A.

【解析】$\dfrac{甲}{乙}=\dfrac{1}{2}=\dfrac{75}{150}$,$\dfrac{甲}{丙}=\dfrac{3}{1}=\dfrac{75}{25}$,$25+75+150=250.$

2. 【答案】B.

【解析】**方法一** 特值法.

令数列为 1,2,3,4,5,….

当 $n=1$ 时,$\dfrac{\text{奇数项和}}{\text{偶数项和}}=\dfrac{1+3}{2}=2$,当 $n=2$ 时,$\dfrac{\text{奇数项和}}{\text{偶数项和}}=\dfrac{1+3+5}{2+4}=\dfrac{3}{2}$,只有 B 满足.

方法二 $\dfrac{\text{奇数项和}}{\text{偶数项和}}=\dfrac{a_1+(a_1+2d)+(a_1+4d)+\cdots+(a_1+2nd)}{(a_1+d)+(a_1+3d)+\cdots+[a_1+(2n-1)d]}$

$$=\dfrac{(n+1)a_1+\dfrac{n(2d+2nd)}{2}}{na_1+\dfrac{n[d+(2n-1)d]}{2}}$$

$$=\dfrac{(n+1)(a_1+nd)}{n(a_1+nd)}=\dfrac{n+1}{n}.$$

3. 【答案】B.

【解析】令 $\dfrac{1}{2^x}=t$,$t\in\left[\dfrac{1}{4},8\right]$,$f(t)=t^2-t+1$,$f(t)_{\min}=\left(t-\dfrac{1}{2}\right)^2+\dfrac{3}{4}=\dfrac{3}{4}$,

$f(t)_{\max}=f(8)=64-8+1=57$,$57-\dfrac{3}{4}=56\dfrac{1}{4}$.

4. 【答案】E.

【解析】方法一 2 个节目分开插 P_6^2,2 个节目一起插 $P_2^2 C_6^1$,$P_6^2+P_2^2 C_6^1=42$.

方法二 该题插空有 2 种插法,所以 2 种插法选项都有,而正确答案为 $12+30=42$,即 A+C=E.

5. 【答案】C.

【解析】$\angle FHG=\angle BHE$,$\angle BHE+\angle BEH=90°$,$\angle FHG+\angle HFG=90°$,故 $AF\perp DE\Rightarrow\triangle ABF\sim\triangle HGF$.

$\dfrac{S_{\triangle HGF}}{S_{\triangle ABF}}=\dfrac{HF^2}{AF^2}=\dfrac{\left(\dfrac{3}{2}\right)^2}{(\sqrt{5})^2}=\dfrac{9}{20}$,故 $S_{ABHG}=S_{\triangle ABF}-S_{\triangle HGF}=\dfrac{1}{2}\times 1\times 2-\dfrac{1}{2}\times 1\times 2\times\dfrac{9}{20}=\dfrac{11}{20}$.

6. 【答案】B.

【解析】方法一 $a=0$,则不等式为 $3\geqslant 0$,恒成立;$a\neq 0$,$\Delta=(4a)^2-4\times a\times 3\leqslant 0\Rightarrow 0\leqslant a\leqslant\dfrac{3}{4}$.选 B.

方法二 $a=0$,恒成立;$a=\dfrac{3}{4}$,$\dfrac{3}{4}x^2+3x+3\geqslant 0$,$\Delta=3^2-4\times\dfrac{3}{4}\times 3=0$,成立;

$a=-\dfrac{3}{4}$,$-\dfrac{3}{4}x^2-3x+3\geqslant 0$,$\Delta>0$,不成立.选 B.

7. 【答案】D.

【解析】$\begin{cases} x-y-2=0, \\ 3x-y+3=0 \end{cases} \Rightarrow$ 交点坐标为 $\left(-\dfrac{5}{2}, -\dfrac{9}{2}\right)$,对称直线也要过此点,只有 D 成立.

8.【答案】C.

【解析】第1排先分别从4对各选1个 $C_2^1 \cdot C_2^1 \cdot C_2^1 \cdot C_2^1$,再进行全排列 P_4^4,剩下4人在第2排,夫妻不在同一列,4人错排9种,$C_2^1 \cdot C_2^1 \cdot C_2^1 \cdot C_2^1 \cdot P_4^4 \cdot 9 = 3\ 456$.

错排:$D_1=0, D_2=1, D_3=2, D_4=9, D_5=44$.

9.【答案】E.

【解析】$2a=\sqrt{5}-1 \Rightarrow 2a+1=\sqrt{5} \Rightarrow 4a^2+4a-4=0 \Rightarrow a^2+a=1$,

$$\dfrac{(a^5-a^2)+(a^4-a)-2(a^3-1)}{a(a^2-1)} = \dfrac{(a^2+a-2)(a^3-1)}{a(a^2-1)}$$
$$= \dfrac{(a^2+a-2)(a^2+a+1)}{a^2+a}$$
$$= \dfrac{(1-2)(1+1)}{1} = -2.$$

10.【答案】A.

【解析】连接其中一个阴影部分的交点,可知 $S_{阴}=S_{正三角形}+S_{半叶}$,$S_{半叶}=S_{扇}-S_{正三角形}$,故

$S_{阴}=S_{扇}=\dfrac{1}{6}\times\pi\times 25$,$3S_{阴}=\dfrac{25}{2}\pi$.

11.【答案】C.

【解析】$x^2-x-5=\left(x-\dfrac{1}{2}\right)^2-\dfrac{21}{4}>|2x-1|\geqslant 0 \Rightarrow x\geqslant 3$(取整),去绝对值:$x^2-x-5>2x-1 \Rightarrow x^2-3x-4>0 \Rightarrow x>4$ 或 $x<-1$(舍),故 $x=5, x=7$,选 C.

12.【答案】D.

【解析】分母为 C_{12}^2,分子为 C_6^2 减去2个奇数的情况 C_3^2,$p=\dfrac{C_6^2-C_3^2}{C_{12}^2}=\dfrac{2}{11}$.

13.【答案】A.

【解析】直线方程:$y-0=\dfrac{1}{2}(x-1)$,与坐标轴交点为$(1, 0)$, $\left(0, -\dfrac{1}{2}\right)$,$S=\dfrac{1}{2}\times 1\times\dfrac{1}{2}=\dfrac{1}{4}$.

14.【答案】E.

【解析】甲9米、乙7米,则甲9圈、乙7圈,为第1次在 A 点追上;甲18圈、乙14圈,为第2次在 A 点追上.

15.【答案】B.

【解析】$\frac{9}{10} \times (1+p)^3 = 1 \Rightarrow p = \sqrt[3]{\frac{10}{9}} - 1$.

16.【答案】E.

【解析】因不确定是何种数列,故无法确定 S_{100}.

17.【答案】B.

【解析】(1) 系统正常工作,则至少有 1 个元件正常,间接法:$1 - \left(\frac{1}{3}\right)^4 > \frac{1}{2}$,不充分;

(2) 串联要每个元件正常系统才正常,则 $\left(\frac{2}{3}\right)^4 = \frac{16}{81} < \frac{1}{2}$,充分.

18.【答案】A.

【解析】(1) 充分;(2) 不充分,表面积增加了.

19.【答案】C.

【解析】(1),(2) 单独都不充分;(1)+(2) 充分,选 C.

20.【答案】D.

【解析】$|x-2| + |1+x| = |2-x| + |1+x| = |2-x+1+x| = 3 \Rightarrow (2-x)(1+x) \geq 0 \Rightarrow -1 \leq x \leq 2$,(1),(2) 均充分.

注:$|a| + |b| = |a+b| \Rightarrow a \cdot b \geq 0$.

21.【答案】D.

【解析】$|x_1 - x_2| = \sqrt{(x_1-x_2)^2} = \sqrt{(x_1+x_2)^2 - 4x_1x_2} = \sqrt{p^2-4} = \sqrt{\Delta} = \Delta \Rightarrow \Delta = 1$ 或 $\Delta = 0$,(1),(2) 都充分.

22.【答案】B.

【解析】第一次实际 1 米,第二次 2 米……第 4 次 4 米,第 5 次 $4+2=6$ 跳出,$n=5$,选 B.

23.【答案】A.

【解析】根据极限情况,5 人喜欢 4 项,其他人都喜欢 3 项.

$\frac{40+38+35+30-5\times 4}{3} = 41$,$41+5 = 46$.

24.【答案】D.

【解析】(1) 甲:$\begin{array}{c} 5 \ \ \ \ 2 \\ \diagdown \diagup \\ 6 \\ \diagup \diagdown \\ 8 \ \ \ \ 1 \end{array} \frac{2}{3} \times 600 = 400$;

乙:$\begin{array}{c} 5 \ \ \ \ 2 \\ \diagdown \diagup \\ 6 \\ \diagup \diagdown \\ 8 \ \ \ \ 1 \end{array} \frac{1}{3} \times 600 = 200$.充分.

(2) 同理,充分.

25.【答案】C.

【解析】不定方程:令鸡、鸭、鹅分别为 x, y, z 只.

(1) $x+y+z=30$.

$\dfrac{x}{2}+\dfrac{2}{3}y+\dfrac{5}{7}z=20 \Rightarrow 21x+28y+30z=840$,

$28(x+y+z)+2z-7x=840 \Rightarrow 2z-7x=0$

$\Rightarrow \begin{cases} x=2, \\ y=21, \\ z=7 \end{cases}$ 或 $\begin{cases} x=4, \\ y=12, \\ z=14 \end{cases}$ 或 $\begin{cases} x=6, \\ y=3, \\ z=21, \end{cases}$ 不充分.

(2) $y \geqslant 8, z \geqslant 8$, 不充分.

联立(1),(2)$\Rightarrow x=4, y=12, z=14, x+y=z+2$, 充分.

第十六套卷解析

1. 【答案】D.

   【解析】从第2行起, 每行第2个数为 2, 4, 7, 11, ….

   方法一　代入排除法, 当 $n=2$ 时, 结果为2, 排除 A, B, C, E, 选 D.

   方法二　为与 n 同步, 令 $a_2=2, a_3=4, a_4=7, a_5=11$,

   通项: $a_n - a_{n-1} = n-1$,

   $a_{n-1} - a_{n-2} = n-2$,

   ……

   $a_3 - a_2 = 2$,

   左边 = 右边 $\Rightarrow a_n - a_2 = \dfrac{(n-1+2)(n-2)}{2} = \dfrac{n^2-n-2}{2}$

   $\Rightarrow a_n = \dfrac{n^2-n-2}{2} + 2 = \dfrac{n^2-n+2}{2}$.

2. 【答案】E.

   【解析】等同甲、乙、丙一起做2个相同工程, 设需 x 天, $\left(\dfrac{1}{10}+\dfrac{1}{12}+\dfrac{1}{15}\right)x=2 \Rightarrow x=8$.

   共做8天, 且甲快乙慢, 因此丙帮乙时间多, 选 E.

3. 【答案】E.

   【解析】前4项分别为 a_1, a_1-1, a_1-2, a_1-3,

   $S_2^2 = S_1 \cdot S_4 \Rightarrow (2a_1-1)^2 = a_1(4a_1-6) \Rightarrow a_1 = -\dfrac{1}{2}$.

4. 【答案】B.

   【解析】$\dfrac{7}{18} \xrightarrow{\text{抽男}} \dfrac{8}{17}$, 女生数量未变, 7与8互质, 只考虑比例关系.

   令 $\dfrac{7\times 8}{18\times 8} \xrightarrow{\text{抽男}} \dfrac{8\times 7}{17\times 7}$, $18\times 8 - 17\times 7 = 25$, 半队 25 人, 共 $18\times 8 + 7\times 8 = 200$(人),

参考答案

$\dfrac{200}{50}=4$.

5.【答案】 D.

【解析】 干重 $110\times(1-0.73)=29.7$，设打完球水重 x，则 $\dfrac{x}{29.7+x}=0.725 \Rightarrow x=78.3$，体重 $29.7+78.3=108$.

6.【答案】 C.

【解析】 令小明上课时间为 7 点 t 分钟，家到学校距离为 s：$s=(t-5)\times 70=(t+5)\times 50 \Rightarrow t=30$.

7.【答案】 B.

【解析】 两边平方去绝对值：$|x|^2 \geqslant (ax)^2 \Rightarrow (1-a^2)x^2 \geqslant 0 \Rightarrow (1-a^2) \geqslant 0 \Rightarrow a^2 \leqslant 1 \Rightarrow |a| \leqslant 1$.

8.【答案】 C.

【解析】 参加两科的人数 $=\dfrac{203+179+165-140-89\times 3}{2}=70$，总人数 $=140+70+89=299$，选 C.

9.【答案】 D.

【解析】 当圆柱为等边圆柱时，最省料.

令等边圆柱半径为 a，高为 $2a$，$V_{球}=\dfrac{4}{3}\pi a^3$，切割部分体积

$$V_1=V_{圆柱}-V_{球}=\pi\cdot a^2\cdot 2a-\dfrac{4}{3}\pi a^3,\quad \dfrac{2a^3\pi-\dfrac{4}{3}\pi a^3}{\dfrac{4}{3}\pi a^3}=\dfrac{1}{2}.$$

10.【答案】 A.

【解析】 原函数是 $y=\dfrac{1}{2}x^2$ 向右移动，向下移动，所以为 $y=\dfrac{1}{2}(x-2)^2-1$.

11.【答案】 A.

【解析】 每个球有 3 种选择，总数为 3^4；第 1 个盒子 1 个球，有 C_4^1 种；第 2 个盒子 2 个球，有 C_3^2 种；剩下 1 个球放第 3 个盒子，无选法，$p=\dfrac{C_4^1\cdot C_3^2}{3^4}=\dfrac{4}{27}$.

12.【答案】 B.

【解析】 如图 16.4 所示，连接 BF（F 为 AE，CD 的交点），$\triangle BFE$ 与 $\triangle CFE$ 等高不等底，面积之比为底边之比. $\dfrac{S_{\triangle BFE}}{S_{\triangle CFE}}=\dfrac{6}{4}=\dfrac{3}{2}$，令 $S_{\triangle BFE}=S_{\triangle BFD}=3x$，

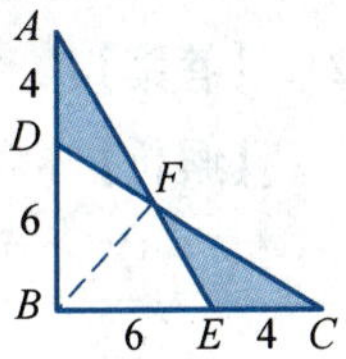

图 16.4

$S_{\triangle CFE} = S_{\triangle AFD} = 2x$,

$S_{\triangle ABE} = S_{\triangle AFD} + S_{\triangle BFD} + S_{\triangle BFE} = 2x + 3x + 3x = \dfrac{1}{2} \times 10 \times 6 \Rightarrow x = \dfrac{15}{4}$, $S_{阴} = 4x = 15$.

13. 【答案】E.

    【解析】$\left(x + \dfrac{1}{y}\right)\left(y + \dfrac{1}{z}\right)\left(z + \dfrac{1}{x}\right) = 4 \times 1 \times \dfrac{7}{3} \Rightarrow xyz + \dfrac{1}{xyz} = 2 \Rightarrow xyz = 1$.

14. 【答案】D.

    【解析】$\begin{cases} f(-1) = -1 + m + 10 + n = 16, \\ f(-3) = -27 + 9m + 30 + n = 18 \end{cases} \Rightarrow \begin{cases} m = 1, \\ n = 6. \end{cases}$

15. 【答案】C.

    【解析】① 女同学来自甲组,有 $C_5^1 \cdot C_3^1 \cdot C_6^2$;② 女同学来自乙组,有 $C_5^2 \cdot C_6^1 \cdot C_2^1$.共有 345 种.

16. 【答案】A.

    【解析】(1) 化简得 $(a+c)x^2 + 2bx + a - c = 0$, $\Delta = (2b)^2 - 4(a+c)(a-c) = 0 \Rightarrow b^2 = a^2 - c^2$,满足勾股定理,充分;(2) 不充分.

17. 【答案】D.

    【解析】(1) $0 > a > b \Rightarrow -a^2 > -b^2 \Rightarrow a^2 < b^2 \Rightarrow a|a| > b|b|$,充分;

    (2) $a > b > 0 \Rightarrow a^2 > b^2 \Rightarrow a|a| > b|b|$,充分.

18. 【答案】D.

    【解析】3 种颜色时,球数最多为 $7 + 9 + 8 = 24$.

    故当球的数目大于 24 时,一定会取到 4 种颜色的球,故两条件均充分.

19. 【答案】B.

    【解析】算面积,$[60, 75)$ 面积 $S = 10 \times 0.04 + 5 \times 0.02 = 0.5$.

    (1) $[45, 55)$ 面积 $= 5 \times 0.01 + 5 \times 0.03 = 0.2$,面积之比不等于数量之比,不充分.

    (2) $[45, 55)$ 面积 $= 0.2$, $\dfrac{0.2}{0.5} = \dfrac{40}{100}$,充分.

20. 【答案】D.

    【解析】(1) 对称轴 $x = 1$,开口向上,在对称轴右边为增函数,故 $f(2) < f(5)$,充分;

    (2) $ax^2 + bx + c > 0$,解集在两根之外,则开口向上,$a > 0$,对称轴 $\dfrac{x_1 + x_2}{2} = 1$,同条件(1),充分.

21. 【答案】B.

    【解析】体对角线与面对角线总共有 16 条,其中面对角线 12 条,体对角线 4 条.因此概率为 $\dfrac{C_{12}^2}{C_{16}^2} = \dfrac{12 \times 11}{16 \times 15} = \dfrac{11}{20}$.

22. 【答案】D.

140

【解析】$\lg a_1 + \lg a_2 + \cdots + \lg a_{20} = \lg(a_1 a_2 \cdots a_{20}) = 30 \Rightarrow a_1 a_2 \cdots a_{20} = 10^{30}$.

(1) $a_9 \cdot a_{12} = a_1 \cdot a_{20} = a_2 \cdot a_{19} = \cdots = a_{10} \cdot a_{11} = 10^3 \Rightarrow a_1 a_2 \cdots a_{20} = (10^3)^{10} = 10^{30}$，充分；

(2) $a_7^2 \cdot a_{14}^2 = 10^6 \Rightarrow a_7 \cdot a_{14} = 10^3$，$a_7 \cdot a_{14} = -10^3$（舍），同上，充分．

23. 【答案】A．

【解析】(1)与(2)为矛盾型条件，大概率二选一，一个充分，则另一个肯定不充分．

(2) 不等式符号不变，说明 $2a-b>0$，$x < \dfrac{4b-3a}{2a-b} = \dfrac{9}{4} \Rightarrow 5b=6a$，$2a-b = 2a - \dfrac{6}{5}a = \dfrac{4}{5}a > 0 \Rightarrow a>0 \Rightarrow ax-b>0$ 的解为 $x > \dfrac{b}{a} = \dfrac{6}{5}$，不充分；同理，可证(1)充分．

24. 【答案】B．

【解析】(1) $A_1 A_2 + B_1 B_2 = 0 \Rightarrow 3m = -n$，不充分；

(2) 直线系方程：$a(x+y-2) + (-x+2y+5) = 0$，

$\begin{cases} x+y-2=0, \\ -x+2y+5=0 \end{cases} \Rightarrow \begin{cases} x=3, \\ y=-1, \end{cases}$ 即恒过定点 $(3,-1)$，充分．

25. 【答案】D．

【解析】$|m| = m \Rightarrow m \geqslant 0$．

(1) 由韦达定理，$\alpha^2 + \beta^2 + \alpha\beta = (\alpha+\beta)^2 - \alpha\beta = 4^2 - (m-1) = 1 \Rightarrow m = 16$，充分；

(2) $|\alpha - \beta|^2 = (\alpha-\beta)^2 = (\alpha+\beta)^2 - 4\alpha\beta = 4^2 - 4(m-1) = 8 \Rightarrow m = 3$，充分．

第十七套卷解析

1. 【答案】C．

【解析】甲乙丙 … 甲乙，乙丙甲 … 乙丙 + $\dfrac{1}{2}$ 甲，丙甲乙 … 丙甲 + $\dfrac{1}{3}$ 乙．

前面轮数相同，工作量相同，则后面部分工作量也相同．

令乙单独 x 天完成，丙单独 y 天完成，则

$\begin{cases} \dfrac{1}{9} + \dfrac{1}{x} = \dfrac{1}{x} + \dfrac{1}{y} + \dfrac{1}{9} \times \dfrac{1}{2}, \\ \dfrac{1}{9} + \dfrac{1}{x} = \dfrac{1}{y} + \dfrac{1}{9} + \dfrac{1}{3} \times \dfrac{1}{x} \end{cases} \Rightarrow \begin{cases} x=12, \\ y=18 \end{cases} \Rightarrow \dfrac{1}{9} + \dfrac{1}{12} + \dfrac{1}{18} = \dfrac{1}{4}$．

2. 【答案】C．

【解析】最小值0人——因 $15+32<50$；最大值是两组都参加的有15人，$15-0=15$，选C．

3. 【答案】B．

【解析】令公共实根为 x_0(a,b,c 不能全等,全等无实根).

$ax_0^2+bx_0+c=0$ ①,$bx_0^2+cx_0+a=0$ ②,$cx_0^2+ax_0+b=0$ ③.

①+②+③$\Rightarrow\begin{cases}(a+b+c)(x_0^2+x_0+1)=0,\\ x_0^2+x_0+1\neq 0\,(\Delta<0)\end{cases}\Rightarrow a+b+c=0.$

方法一 特值法:令 $a=b=1,c=-2$ 代入计算,则

$\dfrac{a^2}{bc}+\dfrac{b^2}{ac}+\dfrac{c^2}{ab}=\dfrac{1^2}{1\times(-2)}+\dfrac{1^2}{(-2)\times 1}+\dfrac{(-2)^2}{1\times 1}=3.$

方法二 公式法:

$\begin{cases}\dfrac{a^2}{bc}+\dfrac{b^2}{ac}+\dfrac{c^2}{ab}=\dfrac{a^3+b^3+c^3}{abc},\\ a^3+b^3+c^3-3abc=\dfrac{1}{2}(a+b+c)[(a-b)^2+(b-c)^2+(a-c)^2]\\ \qquad\qquad\qquad\qquad =0\end{cases}$

$\Rightarrow\dfrac{a^3+b^3+c^3}{abc}=3.$

4.【答案】 B.

【解析】连接 BF,AC,$BF\parallel AC$,因等底等高 $\Rightarrow S_{\triangle ABC}=S_{\triangle AFC}\Rightarrow S_{阴}=S_{扇ABC}=\dfrac{25}{4}\pi.$

5.【答案】 C.

【解析】**方法一** 对称直线 $k=\pm 1$ 时,可用 x,y 互换法:$x-y+2=0\Rightarrow\begin{cases}x=y-2,\\ y=x+2,\end{cases}$ 圆心 $(-3,4)$,对称点 $x=4-2=2,y=-3+2=-1$,$(2,-1)$ 为对称圆心.

方法二 将圆心坐标代入验证是否关于直线对称.

6.【答案】 E.

【解析】月饼为整数,首先排除 A,B.

方法一 均值不等式:$\dfrac{f(t)}{t}=t+10+\dfrac{12}{t}\geqslant 10+2\sqrt{t\cdot\dfrac{12}{t}}=10+4\sqrt{3}\approx 16.928$,取整 17.

方法二 均值不等式三相等性质:$t=\dfrac{12}{t}$ 时有最小值,$t=\dfrac{12}{t}\Rightarrow t=2\sqrt{3}\approx 3.464$,取 $t=$ 3 或 $t=4$,都得到 $\dfrac{f(t)}{t}=17.$

7.【答案】 B.

【解析】等差中项性质:$2\beta_2=\beta_1+\beta_3$,则

$$2C_8^4\alpha^4 = C_8^3\alpha^3 + C_8^5\alpha^5 \Rightarrow 2\alpha^2 - 5\alpha + 2 = 0 \Rightarrow \alpha = 2 \text{ 或 } \alpha = \frac{1}{2}.$$

8. 【答案】A.

   【解析】集合问题,韦恩图(如图 17.3 所示)解题: $\dfrac{4x}{\frac{7}{2}x} = \dfrac{8}{7}$.

   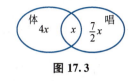

   图 17.3

9. 【答案】D.

   【解析】线性规划求最值.

   方法一 把不等式变为等式,求出 3 条直线 3 个交点,代入得最大值:$\begin{cases} x-y=0, \\ x+2y=3, \\ x-2y=1 \end{cases} \Rightarrow$

   两两联立求得 3 个交点:$(1,1), (-1,-1), \left(2, \dfrac{1}{2}\right)$,3 个交点坐标代入 $z = x+4y$ 得最大值 $z = 5$.

   方法二 解析几何画图. $l: z = x+4y \Rightarrow y = -\dfrac{1}{4}x + \dfrac{z}{4}$,求 z 的最大值,即求直线 l 在 y 轴截距的最大值.直线 l 要过上述 3 条直线围成的三角形,则必然是过 3 个交点中一个的时候有最值.

10. 【答案】A.

    【解析】$a_7 \cdot a_8 = a_2 \cdot a_{13} = \dfrac{-6}{3} = -2$.

11. 【答案】E.

    【解析】$S_{阴} = S_{扇形} - S_{半圆} = \dfrac{1}{4}\pi \cdot 1^2 - \dfrac{1}{2}\pi\left(\dfrac{1}{2}\right)^2 = \dfrac{\pi}{8}$.

12. 【答案】A.

    【解析】① 间隔 1 个,金后排土,则金、土、火、木、水,轮流有 5 种;② 间隔 2 个,金后排水,则金、水、木、火、土,轮流有 5 种.因此,共 10 种.

13. 【答案】A.

    【解析】$p = \dfrac{\left(C_6^3 + \dfrac{C_6^2 C_4^2}{2!}\right) \times 4!}{4^6} = \dfrac{195}{512}$.

14. 【答案】A.

    【解析】正方体下底面面心为球心,面心到上底面顶点距离为半径,求得

    $$r = \dfrac{\sqrt{6}}{2}a, \quad \dfrac{S_{半球}}{S_{表}} = \dfrac{2\pi r^2}{6a^2} = \dfrac{2\pi\left(\dfrac{\sqrt{6}}{2}a\right)^2}{6a^2} = \dfrac{\pi}{2}.$$

15. 【答案】B.

【解析】5人4项工作,每项工作至少1人,先分组再分配(打包快递法),则 $\left(\dfrac{C_5^1 C_4^1 C_3^1}{P_3^3}\right) P_4^4 = 240$. 甲、乙都在司机岗,$P_3^3 = 6$;甲、乙只有1人在司机岗,且司机岗只有1人,$C_2^1 \left(\dfrac{C_4^1 C_3^1}{P_2^2}\right) P_3^3 = 72$;甲、乙只有1人在司机岗,且司机岗有2人,$C_2^1 C_3^1 P_3^3 = 36$. $240 - 6 - 72 - 36 = 126$.

16. 【答案】A.

【解析】(1) A 胜10场,则 B,C 各打5场;B 胜8场,则 A,C 各打4场;C 胜2场,则 A,B 各打1场;A,B,C 各剩1场胜,则每人各打2场. C 共打了 $5+4+2+2=13$(场),充分.

(2) 同理,不充分.

17. 【答案】C.

【解析】(1) $ab > 0 \Rightarrow a > 0, b > 0$ 或 $a < 0, b < 0$,不充分;(2) $a + b > 0 \Rightarrow a, b$ 至少有一个大于零,不充分;(1) + (2) $\Rightarrow a > 0, b > 0$,充分.

18. 【答案】A.

【解析】(1) $m^2 - 3m + 1 = 0 \Rightarrow m^2 = 3m - 1$,$n^2 - 3n + 1 = 0 \Rightarrow n^2 = 3n - 1$. $2m^2 + 4n^2 - 6n = 2(3m-1) + 4(3n-1) - 6n = 6(m+n) - 6 = 6 \times 3 - 6 = 12$,充分.

(2) $m^2 - 3m + 2 = 0 \Rightarrow m^2 = 3m - 2$,$n^2 - 3n + 2 = 0 \Rightarrow n^2 = 3n - 2$. $2m^2 + 4n^2 - 6n = 2(3m-2) + 4(3n-2) - 6n = 6(m+n) - 12 = 6 \times 3 - 12 = 6$,不充分.

19. 【答案】B.

【解析】$\left|a + \dfrac{1}{a}\right| = \sqrt{5} \Leftrightarrow \left|a + \dfrac{1}{a}\right|^2 = 5 \Leftrightarrow a^2 + \dfrac{1}{a^2} = 3$.

(1) $\left(\dfrac{1}{a} - a\right)^2 = 3^2 \Rightarrow a^2 + \dfrac{1}{a^2} = 7$;(2) $\left(a - \dfrac{1}{a}\right)^2 = 1^2 \Rightarrow a^2 + \dfrac{1}{a^2} = 3$.

20. 【答案】C.

【解析】明显(1),(2) 单独不充分,(1),(2) 无法联立,选 E.

21. 【答案】D.

【解析】(1) $-\dfrac{1}{2} \times \dfrac{1}{3} = \dfrac{2}{m} \Rightarrow m = -12$,$-\dfrac{1}{2} + \dfrac{1}{3} = -\dfrac{n}{m}$,将 $m = -12$ 代入,得 $n = -2 \Rightarrow m : n = 6 : 1$,条件(1) 充分;

(2) $\dfrac{1}{x_1} + \dfrac{1}{x_2} = \dfrac{x_1 + x_2}{x_1 x_2} = -6$,根据韦达定理得 $\Rightarrow \dfrac{-m}{n} = -6 \Rightarrow m : n = 6 : 1$,条件(2) 也充分.

22. 【答案】A.

【解析】(1) $a^2 + b^2 + c^2 - 2ab - 2ac + 2bc = (a - b - c)^2 = 0$,充分;(2) 不充分.

23. **【答案】** C.

   【解析】(1) 不相邻问题通用方法为插空法,两个元素不相邻也可用间接法、捆绑法.

   方法一 C,D,E 全排 P_3^3,有 4 个空位插入 A,B:P_4^2,共 $P_3^3 \cdot P_4^2 = 72$.

   方法二 总数减去 A,B 相邻:$P_5^5 - P_2^2 \cdot P_4^4 = 72$.

   (2) 最后在 A,B 中选 1 个 C_2^1,剩下全排列 P_4^4,共 $C_2^1 \cdot P_4^4 = 48$.联立(1),(2):最后一个在 A,B 中选 C_2^1,A,B 剩下的一个只能在 1,2,3 位置 C_3^1,剩下全排列 P_3^3,共 $C_2^1 \cdot C_3^1 \cdot P_3^3 = 36$.

24. **【答案】** D.

   【解析】 最高 25%,剩下 9 人平均 $\dfrac{75}{9}\% = \dfrac{25}{3}\%$,不含 25% 此人:$6 \times \dfrac{25}{3}\% = 50\%$,$3 \times \dfrac{25}{3}\% = 25\%$.

25. **【答案】** A.

   【解析】 直线过圆心才能平分圆 $(x-1)^2 + (y-2)^2 = 5$.

   直线过原点时 $k = 2$,平行于 x 轴时 $k = 0$,显然(1)充分.

第十八套卷解析

1. **【答案】** E.

   【解析】 $a^2 + b^2 + c^2 + 43 - ab - 9b - 8c \leqslant 0$

   $\Rightarrow \left(a - \dfrac{b}{2}\right)^2 + \dfrac{3}{4}(b-6)^2 + (c-4)^2 \leqslant 0$

   $\Rightarrow a - \dfrac{b}{2} = 0, b - 6 = 0, c - 4 = 0 \Rightarrow a = 3$.

2. **【答案】** C.

   【解析】 $\dfrac{5x-3}{2x+5} \leqslant 0 \Rightarrow -\dfrac{5}{2} < x \leqslant \dfrac{3}{5}$.

3. **【答案】** C.

   【解析】 $a_8 = a_6 + 2a_4 \Rightarrow a_4 \cdot q^4 = a_4 \cdot q^2 + 2a_4 \Rightarrow q^4 - q^2 - 2 = 0 \Rightarrow q^2 = 2$,$a_6 = a_2 \cdot q^4 = 4$.

4. **【答案】** C.

   【解析】 从 3 月起总人数不变,因此统计产值即可.

   2014 年总产值 $12 \times 1\,000 = 12\,000$(万元),月产值 $1\,000$ 万元.2015 年增长 10%,总产值应为 $12\,000 \times 1.1 = 13\,200$(万元);2015 年 1 月 $1\,000$ 万元,2 月 $1\,000$ 万元,3 月起 $1\,000(1+p)$ 万元,则

$1\,000+1\,000+1\,000(1+p)+1\,000(1+p)+\cdots+1\,000(1+p)=13\,200\Rightarrow 2\,000+10\,000(1+p)=13\,200\Rightarrow p=0.12.$

5. **【答案】** A.

   【解析】 设去年每册书的利润是 a，销售量是 m，则依题意得

   $$\frac{(1-20\%)a(1+70\%)m-am}{am}\times 100\%=36\%.$$

6. **【答案】** D.

   【解析】 令车速为 v_1，步行速度为 v_2.

   $$10v_1+15v_2=12v_1+7v_2=3\,300\Rightarrow v_2=\frac{1}{4}v_1$$

   $$\Rightarrow 10v_1+\frac{15}{4}v_1=3\,300\Rightarrow v_1=240.$$

7. **【答案】** C.

   【解析】 用换底公式：令 $5^x=3^y=15^z=a\Rightarrow \log_5 a=x$，$\log_3 a=y$，$\log_{15} a=z$，

   $\dfrac{z}{x}+\dfrac{z}{y}=\dfrac{\log_{15}a}{\log_5 a}+\dfrac{\log_{15}a}{\log_3 a}=\log_{15}5+\log_{15}3=1.$

8. **【答案】** C.

   【解析】 1 到 100 被 6 整除 $\dfrac{100}{6}\approx 16.7$，有 16 个；1 到 500 被 6 整除 $\dfrac{500}{6}\approx 83.3$，有 83 个．因此，共有 $83-16=67$(个)．

9. **【答案】** B.

   【解析】 **方法一** 首先根据韦达定理判断 $ax^2+5x+b=0$ 两根为 $\dfrac{2}{3},-\dfrac{1}{4}$，$ax^2+5x+b<0$ 为两根之外，选 B.

   方法二 根据两根还原不等式：$-12x^2+5x+2<0\Rightarrow 12x^2-5x-2>0\Rightarrow x<-\dfrac{1}{4}$ 或 $x>\dfrac{2}{3}$.

10. **【答案】** D.

    【解析】 先把 2 枪进行打包，由于没有命中的 5 枪会产生 6 个空，然后把 2 枪与剩余 1 枪全排列，$C_6^2 P_2^2$，故选 D.

11. **【答案】** B.

    【解析】 如图 18.2 情况直线最少，总数减去重复的：$C_9^2-C_4^2\times 3+3=21.$

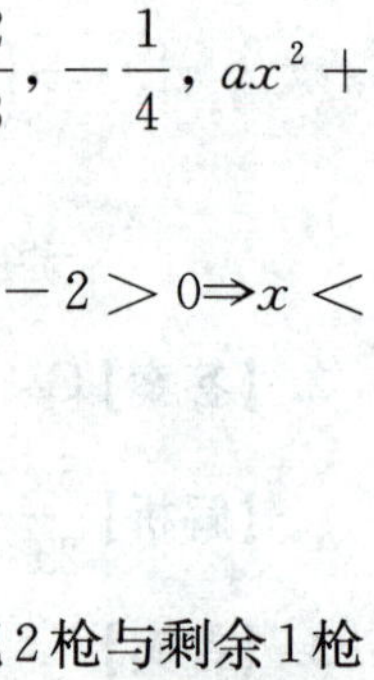

    图 18.2

12. **【答案】** E.

    【解析】 $\dfrac{x}{|x|-1}=1\Rightarrow x=|x|-1$，两边平方得 $x=-\dfrac{1}{2}$，代入计

算：$\dfrac{\left|-\dfrac{1}{2}\right|+1}{2\times\left(-\dfrac{1}{2}\right)}=\dfrac{\dfrac{3}{2}}{-1}=-\dfrac{3}{2}$.

13. 【答案】D.

    【解析】$y=a^x$ 是指数函数,为增函数或减函数,$y_{\max}+y_{\min}=a^0+a^1=3\Rightarrow a=2$.

14. 【答案】C.

    【解析】连接 DE,如图 18.3 所示.因为 $S_{\triangle ABE}=S_{DBEF}\Rightarrow S_{\triangle ADE}=S_{\triangle DEF}$,$\triangle ADE$ 与 $\triangle DEF$ 有一个共同底边 DE,面积相等,底边相等,故高相等,所以 $DE\parallel AC$.由相似定理,$\dfrac{S_{\triangle BDE}}{S_{\triangle ABC}}=\dfrac{3^2}{5^2}$;由等高不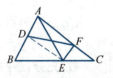

    图 18.3

    等底性质,$\dfrac{S_{\triangle ADE}}{S_{\triangle BDE}}=\dfrac{2}{3}$.所以,$S_{\triangle ABE}=\dfrac{9}{25}S_{\triangle ABC}+\dfrac{9}{25}S_{\triangle ABC}\times\dfrac{2}{3}=6$.

15. 【答案】B.

    【解析】甲解决乙没解决 $p_1(1-p_2)$,甲没解决乙解决 $(1-p_1)p_2$,则 $p=p_1(1-p_2)+(1-p_1)p_2$.

16. 【答案】D.

    【解析】(1) 令 $x=1$,$(3-2)^2=a_0+a_1+a_2+a_3+a_4+a_5$ ①;

    令 $x=-1$,$(-5)^2=-a_0+a_1-a_2+a_3-a_4+a_5$ ②.

    ①+②$\Rightarrow 26=2(a_1+a_3+a_5)$,充分.

    (2) $a_2+a_4=2a_3=\dfrac{26}{3}\Rightarrow a_3=\dfrac{13}{3}$,$a_1+a_3+a_5=3a_3=3\times\dfrac{13}{3}=13$,充分.

17. 【答案】B.

    【解析】(1) 当 $x\neq 0$,$y=z=0$ 时,式子无确定值,不充分.

    (2) $(y-z)^2+(z-x)^2+(x-y)^2=[(x-z)+(y-z)]^2+[(y-x)+(z-x)]^2+[(z-y)+(x-y)]^2\Rightarrow x^2+y^2+z^2-xy-yz-xz=0\Rightarrow\dfrac{1}{2}[(x-y)^2+(y-z)^2+(z-x)^2]=0\Rightarrow x=y=z$,充分.

18. 【答案】B.

    【解析】(1) $\begin{cases}a\cdot b=2,\\ a\cdot c=2,\\ b\cdot c=1\end{cases}\Rightarrow a=2,b=1,c=1$.

    长方体体对角线=直径$\Rightarrow\sqrt{2^2+1^2+1^2}=2r\Rightarrow r=\dfrac{\sqrt{6}}{2}$

    $\Rightarrow V=\dfrac{4}{3}\pi r^3=\dfrac{4}{3}\pi\left(\dfrac{\sqrt{6}}{2}\right)^3$,不充分.

(2) $2\pi \times 2 \times h = 28\pi \Rightarrow h = 7$,$V = \pi \cdot 2^2 \cdot 7 = 28\pi$,充分.

19.【答案】C.

【解析】互补型条件:$a_1 > 0, d > 0 \Rightarrow a_n > 0 \Rightarrow A > 0, G > 0, 2A = a_1 + a_n, a_1 \cdot a_n = G^2$.

由均值不等式:$2A = a_1 + a_n \geqslant 2\sqrt{a_1 \cdot a_n} = 2G \Rightarrow A \geqslant G$,充分.

20.【答案】A.

【解析】条件(1):由于 $m = \dfrac{p}{q}$,说明 m 为有理数,又因 m^2 是一个整数,所以 m 也为整数,充分;条件(2):只需要取 $m = -\dfrac{1}{2}$,显然 $\dfrac{2m+4}{3}$ 是一个整数,但 m 不是整数,就不充分了.

[技巧] 本题可以先观察条件(2),明显可以找到反例,发现不充分,那么条件(1)的可能性就比较大了.

21.【答案】A.

【解析】(1) 如图 18.4 所示,$\angle C = 60° = \angle B \Rightarrow \triangle ABC$ 为等边三角形 $\Rightarrow S = \dfrac{\sqrt{3}}{4}a^2 = \dfrac{\sqrt{3}}{4} \times 36 = 9\sqrt{3}$,充分;(2) 条件不够,无法计算,不充分.

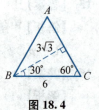

图 18.4

22.【答案】A.

【解析】余式定理.

$$f(x) = x^4 + mx^2 - px + 2 = (x^2 + 3x + 2)g(x)$$
$$= (x+1)(x+2)g(x) \Rightarrow f(-1) = f(-2) = 0.$$

代入原式,$\begin{cases} f(-1) = 1 + m + p + 2 = 0, \\ f(-2) = 16 + 4m + 2p + 2 = 0 \end{cases} \Rightarrow \begin{cases} m = -6, \\ p = 3. \end{cases}$

23.【答案】C.

【解析】(1) 间接法:$C_7^3 - C_3^3 = 34$;(2) 间接法:$C_7^3 - C_4^3 = 31$.

联立(1),(2).间接法:$C_7^3 - C_3^3 - C_4^3 = 30$;直接法:2 男 1 女 $C_4^2 C_3^1$,1 男 2 女 $C_4^1 C_3^2$,$C_4^2 C_3^1 + C_4^1 C_3^2 = 30$.

24.【答案】B.

【解析】直线 $x_0 x + y_0 y - a^2 = 0$ 与圆 $x^2 + y^2 = a^2$ 相交,$d = \dfrac{|a^2|}{\sqrt{x_0^2 + y_0^2}} < |a| \Rightarrow x_0^2 + y_0^2 > a^2$,$M(x_0, y_0)$ 在圆外,条件(2) 充分,选 B.

25.【答案】E.

【解析】(1) $x - y = -1 \Rightarrow x + 1 = y$,共有 5 种,$p = \dfrac{5}{6 \times 6}$,不充分.

(2) $x - 2y > 0 \Rightarrow x > 2y$,列举:(6,1),(6,2),(5,1),(5,2),(4,1),(3,1),共

6 种，$p = \dfrac{6}{6 \times 6} = \dfrac{1}{6}$，不充分.

两条件均小于 $\dfrac{25}{36}$，联立也不充分，选 E.

第十九套卷解析

1. 【答案】A.
   【解析】$a \times 0.9 \times 1.1 \times 1.1 - a = 0.089a$.

2. 【答案】E.
   【解析】如图 19.3 所示，

   ```
   6:00        6:00        6:30    6:20    6:00    6:20
   ├── s ──┤           ├── s ──┤   ┤1/3v甲├
   乙          甲          甲乙      乙       甲              甲
   ```
   图 19.3

   则 $s + v_甲 \times \dfrac{1}{2} = 3v_甲 \times \dfrac{1}{2} \Rightarrow s = v_甲$.

   乙晚 20 分钟出发，$s + \dfrac{1}{3}v_甲 + v_甲 t = 3v_甲 t \Rightarrow t = \dfrac{2}{3}$.

3. 【答案】B.
   【解析】韦达定理：a, b 为方程 $x^2 - 3x - 1 = 0$ 的两根，则
   $$\dfrac{a^2}{b} + \dfrac{b^2}{a} = \dfrac{a^3 + b^3}{ab} = \dfrac{(a+b)(a^2 - ab + b^2)}{ab} = \dfrac{(a+b)[(a+b)^2 - 3ab]}{ab}$$
   $$= \dfrac{3 \times (3^2 + 3 \times 1)}{-1} = -36.$$

4. 【答案】D.
   【解析】相邻问题捆绑法，不相邻问题插空法.
   甲、乙相邻捆绑看成一人，内部 P_2^2；丙、丁不相邻，除去丙、丁，3 人全排列 P_3^3；3 人有 4 个空位插入丙、丁 P_4^2. 则 $P_2^2 \cdot P_3^3 \cdot P_4^2 = 2 \times 6 \times 12 = 144$.

5. 【答案】B.
   【解析】如图 19.4 所示，$300 - (97 + 83 + 45) = 75$.

6. 【答案】E.
   【解析】相似定理：$S_{\triangle BOC} = 4 \times 3^2 = 36$；
   等高不等底：$S_{\triangle COE} = S_{\triangle BOD} = 4 \times 3 = 12$.
   四边形 $BCED$ 面积：$36 + 12 + 12 + 4 = 64$.

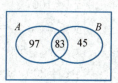

图 19.4

相似定理：$\dfrac{S_{\triangle ADE}}{S_{\triangle ABC}}=\dfrac{DE^2}{BC^2}=\dfrac{OD^2}{OC^2}=\dfrac{1}{9}$，故 $S_{\triangle ABC}=72$.

7. 【答案】C.

   【解析】均值不等式：$1=\dfrac{2}{x}+\dfrac{8}{y}\geqslant 2\sqrt{\dfrac{2}{x}\cdot\dfrac{8}{y}}=\dfrac{8}{\sqrt{xy}}\Rightarrow xy\geqslant 64$.

8. 【答案】B.

   【解析】十字交叉法：$\dfrac{2.5}{1.5}=\dfrac{80}{x}\Rightarrow x=48$.

9. 【答案】B.

   【解析】$4a$ 必为偶 $\Rightarrow 5a^2-7$ 为偶 $\Rightarrow a$ 为奇.

10. 【答案】A.

    【解析】$BC=6$，$CD=8$，则 BD 是 10，恰好 BD 是直径，$\angle C=90°$；同样，因为 BD 是直径，则 $\angle A=90°$（直角三角形外接圆性质），

    $S_{\triangle BCD}=\dfrac{1}{2}\times 6\times 8=24$，$S_{\triangle ABD}=\dfrac{1}{2}\times 5\times 5\sqrt{3}$，

    $S_{阴}=S_{圆}-S_{\triangle BCD}-S_{\triangle ABD}=25\pi-24-\dfrac{25\sqrt{3}}{2}$.

11. 【答案】E.

    【解析】方法一 $x=-\dfrac{1}{4}$ 代入不等式，成立，选 E.

    方法二 $\dfrac{x+1}{x}+3\geqslant 0\Rightarrow\dfrac{4x+1}{x}\geqslant 0\Rightarrow x\leqslant-\dfrac{1}{4}$ 或 $x>0$.

12. 【答案】C.

    【解析】灌水时长与体积成正比，令长方体与容器底面积分别为 x，y，则 $\dfrac{2y-2x}{3y}=\dfrac{2}{4}\Rightarrow\dfrac{x}{y}=\dfrac{1}{4}$.

13. 【答案】E.

    【解析】线性规划求最值.令投 A 项目 x 万元，投 B 项目 y 万元.

    $\begin{cases}x\geqslant 100,\\ y\leqslant 2x,\\ x+y\leqslant 600\end{cases}\Rightarrow\begin{cases}x=100,\\ y=2x,\\ x+y=600\end{cases}\Rightarrow$ 3 个交点为 $(100,200)$，$(100,500)$，$(200,400)$.

    当 $x=200$，$y=400$ 时收益最大，即 $200\times 8\%+400\times 12\%=64$（万元）.

14. 【答案】A.

    【解析】画图可知，圆心到直线距离 $d=\dfrac{|2-2-3|}{\sqrt{1^2+2^2}}=\dfrac{3}{\sqrt{5}}$，弦长 $=2\times$

$$\sqrt{2^2-\left(\frac{3}{\sqrt{5}}\right)^2}=\frac{2\sqrt{55}}{5}.$$

15. 【答案】D.

    【解析】间接法, $p=1-\frac{3^3}{4^3}=\frac{37}{64}$.

16. 【答案】A.

    【解析】$a^2-b^2+ab-b^2-a+b=(a+b)(a-b)+b(a-b)-(a-b)=(a-b)(a+b+b-1)=0$.

    (1) 充分, (2) 不充分.

17. 【答案】C.

    【解析】典型互补型条件, C 与 E 中, C 概率大.

    (1), (2) 联立: $\frac{a}{d}-\frac{b}{c}=\frac{ac-bd}{cd}<\frac{bc-bd}{cd}=\frac{b(c-d)}{cd}<0$.

18. 【答案】C.

    【解析】(1) $a_1+a_5=\frac{a_3}{q^2}+a_3q^2=17$, 有两个未知数, 求不出; (2) $a_2 \cdot a_4=a_3^2=16 \Rightarrow a_3=\pm 4$, 不能确定. (1)+(2): $a_1+a_5=17 \Rightarrow$ 奇数项为正, $a_3>0$, 故 $a_3=4$.

19. 【答案】D.

    【解析】利用数形结合法, 如图 19.5 所示, 对条件(1) 有 $S=\frac{1}{2}\times 2\times 1=1$, 对条件 (2) 有 $S=1$, 故选 D.

    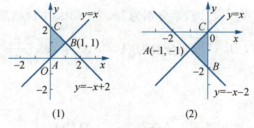

    图 19.5

20. 【答案】A.

    【解析】a, b, c 都要为 12 的因数.

21. 【答案】B.

    【解析】(1) ①甲、乙选1人 C_2^1, 除丙外7人选2人 C_7^2, 共 $C_2^1 \cdot C_7^2$; ②甲、乙选2人 C_2^2, 除丙外7人选1人 C_7^1, 共 $C_2^2 \cdot C_7^1$. 则共 $C_2^1 \cdot C_7^2+C_2^2 \cdot C_7^1=49$, 不充分.

    (2) 4人3个班, 每班至少1名学生, 先分班再分配, 减去甲、乙在一个班.

$\frac{C_4^1 C_3^1}{P_2^2} \times P_3^3$, 故 $N = \frac{C_4^1 C_3^1}{P_2^2} \times P_3^3 - P_3^3 = 30$.

22. 【答案】B.

    【解析】$\Delta = 4^2 - 4 \times a \times 2 \geqslant 0 \Rightarrow a \leqslant 2$. (1) 不充分; (2) 范围小,充分.

23. 【答案】C.

    【解析】条件(1),(2)单独均不充分.联合条件(1),(2)可得

    $\begin{cases} a_{11} - a_8 = 3d = 3, \\ S_{11} - S_8 = a_{11} + a_{10} + a_9 = 3 \end{cases} \Rightarrow \begin{cases} a_1 = -8, \\ d = 1 \end{cases} \Rightarrow a_n = -8 + n - 1 = n - 9.$

    令 $a_n > 0$,解得 $n > 9$.因此,使 $a_n > 0$ 的最小正整数为 10.

24. 【答案】E.

    【解析】$\frac{1}{a} + \frac{1}{b} = \frac{a+b}{ab} > 1 \Rightarrow \frac{a+b}{ab} - 1 > 0 \Rightarrow \frac{a+b-ab}{ab} > 0 \Rightarrow (a+b-ab)ab > 0.$

    条件(1)与条件(2)等价,均无法推出结论.

25. 【答案】B.

    【解析】(1) 甲盒从 4 个中选 2 个 C_4^2,剩下 2 球随机分给乙、丙 2^2, $p = \frac{C_4^2 \cdot 2^2}{3^4} = \frac{24}{81}$;

    (2) 同理,$p = \frac{C_2^1 C_2^1 \cdot 2^2}{3^4} = \frac{16}{81}.$

第二十套卷解析

1. 【答案】B.

   【解析】第一次购买 A, B, C 股票分别为 $7k, 4k, 3k$,共 $14k$;第二次购买 C 股票 $14k$.

   所以,两次共购买 A, B, C 股票分别为 $7k, 4k, 17k$,则 $\frac{17k}{7k + 4k + 17k} = \frac{17}{28} \approx 61\%$.

2. 【答案】A.

   【解析】往返相遇问题.

   如图 20.4 所示,第一次相遇两人总路程为 s_{AB},第二次相遇两人总路程为 $3s_{AB}$;同理,对于甲来说,第二次相遇时甲总路程为第一次相遇时甲总路程的 3 倍,$3 \times (s_{AB} - 6) = 2s_{AB} - 8 \Rightarrow s_{AB} = 10.$

   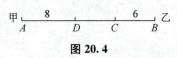

   图 20.4

3. 【答案】C.

   【解析】$|x^2 - 6xy + 13y^2| - 4y + 1 + \sqrt{z-2} = 0$

   $\Rightarrow (x-3y)^2 + 4y^2 - 4y + 1 + \sqrt{z-2} = 0$

   $\Rightarrow (x-3y)^2 + (2y-1)^2 + \sqrt{z-2} = 0$

$$\Rightarrow \begin{cases} x-3y=0, \\ 2y-1=0, \\ z-2=0, \end{cases} \Rightarrow \begin{cases} x=\dfrac{3}{2}, \\ y=\dfrac{1}{2}, \\ z=2, \end{cases}$$

所以,$(2x-4y)^z=1$.

4. **【答案】** C.

   【解析】 由于 $x^2-4xy+4y^2+\sqrt{3}x+\sqrt{3}y-6=0$

   $\Rightarrow (x-2y)^2+\sqrt{3}(x+y)-6=0$

   $\Rightarrow \sqrt{3}(x+y)=6-(x-2y)^2 \leqslant 6$,

   所以 $x+y \leqslant \dfrac{6}{\sqrt{3}}=2\sqrt{3}$.

5. **【答案】** D.

   【解析】 高为10厘米,长×宽=132平方厘米.因为 $132=2\times2\times3\times11$,又因为长、宽均大于10,所以长、宽分别为12与11.因此,表面积为 $2(10\times11+11\times12+10\times12)=724$(平方厘米).

6. **【答案】** A.

   【解析】 令甲、乙、丙单独完成分别需要 x,y,z 天,$\dfrac{3}{x}=\dfrac{1}{y}+\dfrac{1}{z}$ ①,$\dfrac{2}{y}=\dfrac{1}{x}+\dfrac{1}{z}$ ②.

   则 ①-② $\Rightarrow \begin{cases} \dfrac{1}{x}=\dfrac{3}{5z}, \\ \dfrac{1}{y}=\dfrac{4}{5z}, \end{cases}$ $\dfrac{1}{x}+\dfrac{1}{y}=\dfrac{3}{5z}+\dfrac{4}{5z}=\dfrac{7}{5}\cdot\dfrac{1}{z}=1.4\times\dfrac{1}{z}$.

7. **【答案】** D.

   【解析】 **方法一** 经验公式:

   $a_n=|x_1-x_2|=\dfrac{\Delta}{|a|}=\dfrac{1}{n^2+n}=\dfrac{1}{n(n+1)}=\dfrac{1}{n}-\dfrac{1}{n+1}$,

   $S_{2\,017}=a_1+a_2+\cdots+a_{2\,017}=1-\dfrac{1}{2\,018}=\dfrac{2\,017}{2\,018}$.

   方法二 演绎法:当 $n=1$ 时,$y=2x^2-3x+1=(2x-1)(x-1)$.所以,$x_1=\dfrac{1}{2}$,$x_2=1$,$|x_1-x_2|=\dfrac{1}{2}$,分母比 n 大1.

8. **【答案】** A.

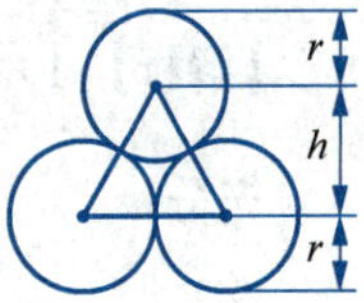

   【解析】 如图20.5所示,$r+r+h=1+\dfrac{\sqrt{3}}{2}=\dfrac{2+\sqrt{3}}{2}$.

图 20.5

153

9. 【答案】B.

【解析】令 A,B 两种饮料各生产 x,y 瓶,则 $\begin{cases} 20x+30y \leqslant 2\,800, \\ 40x+20y \leqslant 2\,800, \\ x+y=100 \end{cases}$(线性规划求最值,

可把不等式变为等式求出 3 条直线交点,代入计算找最值)$\Rightarrow \begin{cases} 2x+3y=280, \\ 2x+y=140, \\ x+y=100 \end{cases} \Rightarrow (20,$

80),(40,60),(35,70)(舍),最小值为 $2.6 \times 40 + 2.8 \times 60 = 272$.

10. 【答案】D.

【解析】曲线 $C: x=\sqrt{1-y^2}$ 为右半圆,直线是斜率为 1 的一组
平行直线,如图 20.6 所示,当 $k=-\sqrt{2}$ 或 $k \in (-1,1]$ 时,直线
与右半圆只有一个交点,因此选 D.

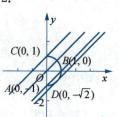

图 20.6

11. 【答案】E.

【解析】由截面图(如图 20.7 所示)可知,$r^2=(r-2)^2+4^2 \Rightarrow r=$
$5, V_{球}=\dfrac{4}{3}\pi \cdot r^3 = \dfrac{500}{3}\pi$.

12. 【答案】B.

【解析】二项式展开 $b_3=C_8^3 \cdot a^3, b_4=C_8^4 \cdot a^4, b_5=C_8^5 \cdot a^5$,由等差中项
性质,则

图 20.7

$$2C_8^4 a^4 = C_8^3 a^3 + C_8^5 a^5 \Rightarrow 2a^2-5a+2=0 \Rightarrow a=\dfrac{1}{2} \text{ 或 } a=2.$$

13. 【答案】C.

【解析】每小组 4 队,需 C_4^2 场比赛,共 $8 \times C_4^2 = 48$(场).

14. 【答案】A.

【解析】成等比:1、2、4,1、3、9、4、6、9、2、4、8;$p = \dfrac{4}{C_9^3} = \dfrac{1}{21}$.

15. 【答案】C.

【解析】$168 < 200 \times 0.9$,为不打折原价;$423 < 500 \times 0.9$,为九折价.则两次购物原价为

$168+423 \times \dfrac{10}{9} = 638$(元),应付款为:$500 \times 0.9 + 138 \times 0.8 = 560.4$(元).

16. 【答案】E.

【解析】(1) $(\log_m x + \log_m y)^2 = (\log_m xy)^2 = (\log_m 2)^2 \Rightarrow x \cdot y = 2$ 或 $x \cdot y = \dfrac{1}{2}$,不
充分;

(2) $x^3-x^2+2x-2 = (x-1)(x^2+2) = 0 \Rightarrow x=1$,不充分;联立也不充分,选 E.

17. 【答案】E.

【解析】三角不等式 $|a+b|<|a|+|b| \Rightarrow a \cdot b < 0 \Rightarrow x \cdot \log_3 x < 0$,定义域 $x > 0$,故 $\log_3 x < 0 \Rightarrow 0 < x < 1$.

18. 【答案】D.

【解析】$S_{阴} = S_{\triangle AOC} + S_{扇COB} - S_{\triangle AOD} - S_{扇DOF}$,只要知道两圆半径,则可求出 $S_{阴}$.

(1) $r_1 = OA, r_2 = OE$,充分.

(2) 连接 OD, BC,如图 20.8 所示,$OD \parallel BC$,则

$\triangle AOD \backsim \triangle ABC \Rightarrow \begin{cases} D \text{ 为 } AC \text{ 中点,} \\ OD = \dfrac{1}{2}BC = r_2, \\ r_1 = r_2 + AE. \end{cases}$

图 20.8

Rt$\triangle ABC$ 中,$AC = 2\sqrt{3}$,$BC = 2r_2$,$AB = 2r_2 + 2AE = 2r_2 + 2$.由勾股定理可求出 r_2,自然能求出 r_1,充分.

19. 【答案】A.

【解析】平均费用 $= \dfrac{10 + 0.9n + 0.2(1 + 2 + 3 + \cdots + n)}{n}$

$= \dfrac{10 + 0.9n + 0.2 \times \dfrac{n(n+1)}{2}}{n}$

$= 1 + \dfrac{10}{n} + \dfrac{n}{10}$.

由均值不等式,当且仅当 $\dfrac{10}{n} = \dfrac{n}{10}$ 时有最小值,则 $n = 10$.

20. 【答案】B.

【解析】圆 $x^2 + (y-4)^2 = 4$ 的圆心到直线的距离 $d = \dfrac{|a \times 0 + 4 + 2a|}{\sqrt{a^2 + 1}} = 2 \Rightarrow a = -\dfrac{3}{4}$,条件(2) 充分.

21. 【答案】C.

【解析】(1) $a + b = -c, a \cdot b = d$,不充分;(2) $c + d = -a, c \cdot d = b$,不充分.

(1) + (2):四式联立,解得 $a = c = 1, b = d = -2, a + b + c + d = -2$.

22. 【答案】E.

【解析】(1) $x_1, x_2, x_3 \rightarrow 2x_1, 2x_2, 2x_3$,平均值增加 2 倍,可举反例 1, 2, 3 计算,方差比原来的 2 倍大,不充分;(2) 各加上 2,算术平均值不一定为 2 倍,方差不变,不充分.联立亦不充分.

23. 【答案】C.

【解析】条件(1)是定性,条件(2)是定量,典型的互补型,大概率 C.

两条件单独都不充分.

(1) + (2) $\Rightarrow a_1 \cdot a_7 = a_4^2 = 64 \Rightarrow \begin{cases} a_4 = 8, \\ a_6 - a_4 = 24 \end{cases} \Rightarrow \begin{cases} a_1 = 1, \\ q = 2, \end{cases}$

$S_8 = \dfrac{a_1(1-q^8)}{1-q} = \dfrac{1 \times (1-2^8)}{1-2} = 2^8 - 1 = 255.$

24. 【答案】D.

    【解析】等价型条件,两个条件验证一个即可.

    (1) $a > 0, b > 0$,如图 20.9 所示,在三角形内,即在直线下方,找满足 $3a + 4b - 12 < 0$ 的 (a, b).

图 20.9

列举:(1, 1),(1, 2),(2, 1) 共 3 个点,$p = \dfrac{3}{6 \times 6} = \dfrac{1}{12}$,充分.

(2) 同理,充分.

25. 【答案】B.

    【解析】(1) 消序 $\dfrac{P_{10}^{10}}{P_3^3}$,不充分;

    (2) 不相邻用插空法,6 男全排 P_6^6,7 个空位插入 4 女 P_7^4,则 $P_6^6 \cdot P_7^4 = P_6^5 \cdot P_7^4$,充分.

图书在版编目(CIP)数据

管理类联考综合大纲解析人刷经典题系列.数学篇/汪学能,舒红主编. —上海:复旦大学出版社,2020.6
ISBN 978-7-309-15091-9

Ⅰ.①管… Ⅱ.①汪… ②舒… Ⅲ.①高等数学-研究生-入学考试-习题集 Ⅳ.①G643-44

中国版本图书馆 CIP 数据核字(2020)第 096501 号

管理类联考综合大纲解析人刷经典题系列.数学篇
汪学能 舒 红 主编
责任编辑/陆俊杰

复旦大学出版社有限公司出版发行
上海市国权路 579 号 邮编:200433
网址:fupnet@fudanpress.com   http://www.fudanpress.com
门市零售:86-21-65102580   团体订购:86-21-65104505
外埠邮购:86-21-65642846   出版部电话:86-21-65642845
上海春秋印刷厂

开本 787×1092 1/16 印张 10.25 字数 224 千
2020 年 6 月第 1 版第 1 次印刷

ISBN 978-7-309-15091-9/G·2123
定价:32.00 元

如有印装质量问题,请向复旦大学出版社有限公司出版部调换。
版权所有   侵权必究